세계에서
가장 자극적인 나라

세계에서
가장 자극적인 나라

짐 로저스의 어떤 예견

오노 가즈모토 · 전경아 옮김

살림

"누가 봐도 빛깔 좋게 가공된 다이아몬드보다 세상이 쳐다보지 않는 원석이 내 눈길을 사로잡는 진짜 보석이다."

　이 말은 한국의 한 언론사와의 인터뷰에서 내가 한 말이다. 어쩌면 이 말은 투자가의 길에 들어선 후 줄곧 나를 다른 사람과 구별시켜줬던 지침인지도 모르겠다. 돌이켜보면, 빈 병을 모아 팔면 돈이 되겠다는 야무진 생각으로 다섯 살에 첫 비즈니스를 시작한 지 70여 년이 흘렀다. 그동안 성공과 실패를 거듭했지만, 그중에서도 놀라운 수익률을 올린 건 항상 아무도 눈여겨보지 않는 곳에 투자했을 때였다. 긴 흐름으로 세상의 변화를 읽고 앞을 내다보면, 남들이 보지 못하는 게 떠오르는 법이다. 다른 사람과 다르게 생각하는 것, 이것이 오늘의 나를 있게 한 힘이라고 지금도 믿고 있다.

지금의 나를 흥분케 하는 것은 '아시아의 세기'가 눈앞에 전개될 날이 머지않았다는 점이다. 특히 한국과 일본은 새로운 역사의 분기점 앞에 서 있다. 하지만 그 형국은 현격하게 다르다. 향후 10~20년 사이 한국은 세계에서 가장 매력적인 나라로 변모를 거듭하겠지만, 일본은 불행하게도 쇠퇴일로를 걷고 있다. 역사가 증명하듯이, 모든 국가들은 흥망성쇠를 반복한다. 하지만 한국이 역사상 유례없는 '기회의 땅'으로 세계사의 전면에 등장할 날을 준비하는 것과 달리 일본은 50년 내에 국가의 존폐를 논할 정도로 심각한 상태에 빠져들 것이다. 게임은 이미 시작되었고, 그 방향을 바꾸는 일은 누구에게도 쉽지 않을 전망이다. 일본의 쇠퇴와 때를 같이하는 한국의 부상은 변화에 대한 세계인의 인식을 완전히 바꿔놓을 것이다. 이것이 내가 내다본 미래다. 내가 사랑하는 두 나라의 그 가혹한 대비를 여러분은 이 책 곳곳에서 확인할 수 있을 것이다.

최근 한국을 자주 방문하면서 한국인에게 가장 많이 듣는 질문 가운데 하나가 북한과 관련된 것이다. 특히 지난 2월 27~28일 하노이에서 있었던 북미정상회담의 결렬로 많은 이들이 실망하거나

회의에 빠진 탓이리라. 하지만 달라진 건 아무것도 없다. 삶에는 항상 지연되는 일들이 있기 마련이고, 특히 국제적인 문제에선 더 그렇다. 이해 당사자들뿐만 아니라 주변국들 간의 치열한 물밑 경쟁은 앞으로도 계속 우리의 발목을 잡을 것이다. 하지만 시대를 거스르는 어느 개인이나 집단의 욕망은 이미 시작된 역사의 도도한 흐름을 막을 수 없다. 아무도 깨닫지 못하는 사이에 일어난 미세한 진동은 눈덩이처럼 불어나 우리를 내달리게 한다. 역사에 입각해서 앞날을 읽는 것, 그것이 바로 이 책에서 내가 여러분에게 전하고자 하는 바다.

수년 안에 최악의 베어마켓(bear market: 하락장)이 지구촌을 덮칠 것이다. 베어마켓은 역사적으로 늘 존재했지만, 이번에 닥칠 위기는 내 생애 최악의 사태로 치달을 가능성이 크다는 게 문제다. 과거와는 차원이 다른 과도한 부채로 인해 전 세계 크고 작은 기업들이 줄도산할 것이다. 파산하는 개인의 수는 헤아리기도 어려울 것이다. 각국의 주식시장은 일제히 폭락하고 곳곳에서 끔찍한 비명이 터져 나올 것이다. 여기에 미중 무역전쟁까지 얽히면 어마어마한 대참사가 벌어질 것이다. 한국은 역동적인 내일이 기다리고 있긴 하지만, 앞으로 불어닥칠 글로벌 경제 한파에서 무풍지대란 없다. 한국의 기업 경영자나 정부가 그 충격을 최소화하기 위해 지금이라도 대비해야 하는 이유다. 앞으로 벌어질 일들에 대해 지금 껏 두려워하지 않고 있었다면 지금부터라도 걱정하라.

나는 투자가이기에 앞서 역사가로 세상에 기억되고 싶다. 성공한 투자가는 세상에 많지만, 역사를 제대로 이해하고 자신이 공부한 바를 미래에 투사한 이는 드물다. 내가 젊은 날 많은 시간을 세상을 돌아다니는 데 할애하고 내게 가장 소중한 딸들에게 세상 공부를 시키는 것도 이 때문이다. 역사를 아는 자는 강하다. 이미 내앞을 앞서간 수많은 이들의 실패와 성공을 통해 세상을 보는 지혜와 안목을 가지고 있기 때문이다. 이들은 비록 넘어질지언정 그 걸음을 멈추지 않는다. 다시 일어날 지혜와 용기가 그들 안에 숨쉬기 때문이다. 벽에 부딪혀 멈추는 사람들은 자기 안에서만 답을 찾으려 하기에 역사의 큰 흐름을 보지 못한다. 역사를 배워라. 그리고 그 자연스러운 흐름에 당신의 몸과 미래를 맡겨라.

내 간곡한 바람이 한국 독자들에게도 닿기를 바란다. 한국은 그어느 나라보다도 짧은 시간 동안 많은 부침을 겪었다. 지금도 한치 앞을 내다보기 힘든 혼란한 국면에 대치중일 것이다. 하지만 부침과 혼란은 곧 경험과 지혜를 잉태하는 용광로다. 어쩌면 그 용광로에 희미한 불씨만 남아 있을지 모르는 이들에게 이 책이 작은 희망의 불꽃을 일으키기를 염원한다.

   나는 앞으로 한국이 세계에서 가장 자극적인 나라가 되리라는 것을 의심치 않는다. 통일된 한반도를 보고 싶다. 그 안에서 용솟음칠 기회와 환호의 소리들을 듣고 싶다. 앞으로 내 삶이 얼마나 나를 기다려줄지 모르겠다. 생각보다 그날이 빨리 오더라도 아쉽지는 않을 것이다. 내 눈으로 확인하지 못하더라도 그 일들은 일어날 것이고 또 누군가는 그걸 즐길 것이기에. 선인(先人)들이 그러했고 또 내가 그랬던 것처럼.

2019년 5월

싱가포르와 한국을 오가며

짐 로저스

'돈의 흐름'을 파악하려면

나는 늘 역사의 흐름에 입각해서 몇 년 앞을 보려고 한다. 역사를
공부하다보면 앞날을 읽는 힘이 생기고, 특히 돈의 흐름이 보인다.
성공하고 싶다면 장래를 예측하지 않으면 안 된다. 이는 투자가에
게만 해당되는 이야기가 아니다. 뮤지션이든 축구선수든 회사원
이든, 어떤 분야에 있든지 간에 성공하고 싶다면 앞날을 읽는 것이
중요하다. 내가 2007년에 가족과 함께 싱가포르로 이주한 것도 다
가올 '아시아의 세기'를 내다보았기 때문이다.

내가 역사의 중요성을 깨달은 것은 미국의 예일대를 졸업하고 영국의 옥스퍼드대에서 석사과정을 밟을 때였다. 나는 예일대에서 미국사와 유럽사를, 옥스퍼드대에서 영국사를 전공했다(부끄럽게 도 당시에는 미국과 유럽이 세계의 전부라고 생각했다. 그때 얼마나 무지했 는지 지금은 안다).

어쨌거나 영국사를 공부하면서 과거에 일어난 일과 유사한 일 이 반복되어 일어난다는 걸 알았다. 훗날 뉴욕 월가의 투자업계에 서 일하기 시작했을 때도 비슷한 느낌을 받았다. 돈, 즉 자본은 과 거와 비슷하게 움직인다는 사실을 깨달은 것이다.

그 이후로 수십 년에 걸쳐 일본과 중국을 비롯한 아시아의 역 사, 그 외 지역의 역사도 배우게 되었다. 그리고 두 번의 세계 일주 여행을 통해 세계 각지에서 일어난 일을 실제 이 눈으로도 똑똑히 확인했다. 내 책에도 썼지만 첫 번째는 오토바이를 타고 세계 6대 륙을 달렸고 두 번째는 벤츠를 타고 116개국, 24만 킬로미터를 돌 았다. 이 두 번의 여행으로 나이가 들수록 세계를 더욱 이해할 수 있게 되었다고 말할 수 있으리라.

이렇게 해서 역사에서 '돈은 어떻게 움직이는가'를 배운 덕택에 나는 지금까지 리먼 사태(Lehman shock: 2008년 세계적 투자은행인 리 먼 브라더스의 파산으로 시작된 금융 위기 사태), 중국의 대두, 트럼프 대통령 당선, 북한의 개방 문제 등 수많은 일을 예상할 수 있었다.

역사는 리듬에 따라 움직인다

중요한 것은 '역사는 리듬에 따라 움직인다'는 점이다. 이것은 작가 마크 트웨인(Mark Twain)이 한 말이다("역사는 그대로 반복되지 않는다. 하지만 리듬에 따라 움직인다History doesn't repeat itself, but it does rhyme"라는 말을 가리키는데, 이 말을 마크 트웨인이 정말로 했는지에 대해서는 논란이 있다 – 옮긴이). 세계에서 일어나고 있는 일들은 대부분 그전에도 일어났던 일이다. 완전히 똑같지는 않아도 비슷한 사건이 몇 번이나 반복되어 일어났다. 전쟁, 기아, 불황, 외국인 박해, 무역전쟁, 이민 문제. 이러한 문제가 모습을 바꾼 채 계속해서 일어나는 것이다.

현재와 유사한 문제가 과거에 어떤 식으로 일어났는지를 알면 현재의 상황도 어느 정도 파악할 수 있다. 그것이 어떤 결말을 맞는지도. 흔히 '역사는 되풀이된다'고 하는데 정말로 똑같이 되풀이되지는 않는다. 리듬을 타듯이 조금씩 형태를 바꾸면서 반복을 계속하는 것이다.

가령 1990년대 후반부터 2000년까지 미국에서 거품이 일어났다. 주택과 금융을 중심으로 자산가치가 폭등한 것이다. 부동산업계에 종사하는 사람들은 아니나 다를까, "이번에는 다르다"고 말했다. 마침 그 무렵에 자산을 많이 보유하고 있던 일본인도 부동산을 사려고 지체 없이 뉴욕으로 날아갔다. 주택가격이 멈출 줄 모르고 폭등하자 더 오르리라 기대한 것이다.

그렇게 미국 전체가 거품 경기로 호황을 누리자 경제지 「월스트리트저널(The Wall Street Journal)」에서조차 '경제가 새로운 시대에 돌입했다'고 보도했다. '뉴 이코노미(new economy)'라는 새로운 용어를 만들었을 정도다. 하지만 거품이 꺼진 후 '뉴 이코노미'라는 용어는 모든 지면에서 사라졌다. 별일 아니다. 미국이 경험한 것은 신경제도 뭣도 아닌 단순히 거품 경제였기 때문이다. 역사를 배운 사람이라면 '지난번 거품 붕괴와 동일한 징후를 보인다'는 걸 알았겠지만.

100년 전 일어난 미국의 거품 붕괴를 통해 배워야 하는 것

그도 그럴 것이 약 80년 전에 미국은 이미 유사한 일을 겪었다.

1920년대, 제1차 세계대전으로 황폐해진 유럽이 과거의 영광을 잃자 이들을 대신하여 경쟁력을 얻은 곳이 미국이다. 중공업에 대한 투자확대, 자동차산업의 약진, 대량생산·대량소비로 전례가 없는 번영을 누리게 되면서 당시 제31대 대통령인 허버트 후버(Herbert Hoover)는 이를 '영원의 번영'이라 불렀다. '새 시대' '황금의 20년대'라는 말도 생겼다. 하지만 실제로는 '영원'도 뭣도 아니었고 그저 거품 경기에 지나지 않았다. 아니나 다를까, 머지않아 뉴욕 월가에서 주가가 폭락하고 그것이 1929년부터 시작된 세계대공황에 지대한 영향을 미쳤다.

일본에서도 1980년대 말, 대형 거품이 일기 시작했다. 역사를 배운 사람이라면 누구나 거품임을 한눈에 알 수 있었다. 하지만 당시에 이걸 거품이라고 말하는 사람은 아무도 없었다. 일본인만이 아니라 외국인도 같은 견해였다. 일본만은 다르다, 거품이 아니다, 이번에야말로 다를 거라고 우겨댔다. "이번에는 달라"라는 말이 나오면 그것은 위험한 징후다. 투자하는 사람은 특히 주의하지 않으면 안 된다. 역사상 "이번에는 달라"라는 건 절대 없기 때문이다. 이건 역사에 대한 지식이 없는 사람이나 하는 말이다.

다른 사람과 똑같이 사고하지 마라, 변화에 대응하라

다른 사람과 다르게 사고하면 이들이 보지 못한 것을 보게 된다. 그것이 성공으로 가는 첫걸음이다. 만약에 주변 사람들이 자신의 생각을 무시하거나 비웃는다면 큰 기회를 잡았다고 생각하면 된다. 지금까지 다른 사람과 똑같이 행동해서 성공한 사람은 단 한 명도 없었기 때문이다.

그리고 무엇보다 리듬에 따라 변화하는 시대의 흐름에 맞게 여러분도 변화할 수 있어야 한다. 시대가 어떻게 변하는지를 피부로 느끼고 거기에 순응하라는 말이다.

인간은 나이가 들면 변화에 잘 순응하지 못한다. 가령 여러분이 40대이고 이미 어느 정도 사회적 지위를 가졌다 해도 변화를 거부하면 언젠가는 그 자리를 잃게 될 것이다.

이 책에서 나는 '역사에 입각해서 앞날을 읽고' 시대에 순응하는 방법에 대해 나 나름대로 설명했다. 이것이 독자 여러분에게 도움이 된다면 더 바랄 게 없겠다.

차 례

제1장 한반도는 앞으로 '세계에서 가장 자극적인 장소'가 된다

바람은 아시아에서 불어온다

—단, 그 바람에는 '강약'이 있다

미국의 시골에서 태어나 결코 유복하지 않은 소년 시절을 보낸 짐 로저스는 영국과 미국의 초일류 대학에서 역사를 배우며 사고력의 기초를 길렀다. 그 후, 월가에 투신하여 조지 소로스(George Soros)와 함께 전설의 헤지펀드 '퀀텀펀드(Quantum Fund)'를 설립하고 10년 만에 4,200퍼센트라는 경이로운 수익을 올렸다.

미시적인 시점과 거시적인 시점 사이에서 '돈의 흐름'을 꿰뚫어보는 이 희대의 투자가는 그 넓은 혜안으로 리먼 사태, 중국의 대두, 트럼프 대통령 당선, 북한의 개방 문제에 이르기까지 수많은 예상을 적중시켰다.

이 장에서는 그의 투자 철학과 함께 '5년 후에 아시아에서 가장 행복한 나라는 어디인가?'를 고찰한다. 유튜브(YouTube)의 CEO 수전 워치츠키(Susan Wojcicki)는 미국의 경제 잡지 「포브스(Forbes)」와의 인터뷰에서 "5년 후 세계는 어떻게 변할까?"를 기준으로 투자 판단을 내린다고 밝혔다. 이 장을 읽으면 미래의 경제 지도가 어떤 모습인지 대략 파악할 수 있을 것이다.

리먼 사태, 트럼프 대통령 당선을 어떻게 적중시켰나?

앞에서 나는 '역사로부터 돈의 흐름을 배운 덕분에 리먼 사태, 중국의 대두, 트럼프 대통령의 당선, 북한의 개방 문제 등 수많은 사건을 사전에 예상할 수 있었다'고 말했다.

특히 리먼 사태를 1년 먼저 예상하여 적지 않은 이익을 올렸다.

어느 날, 나는 주택융자업무를 담당하는 패니메이(Fannie Mae Company: 미국의 2대 모기지 펀드 업체)의 재무상태표(balance sheet)가 이상하다는 것을 눈치챘다. 그래서 서둘러 이곳의 주식을 공매도 했다(공매도란 가까운 시일 내에 주가가 내려가리라고 예상하고 주식을 매매하는 방식을 가리킨다. 주식을 보유하고 있지 않은 사람이 주식을 빌려서 현재 시세로 일단 주식을 팔았다가 가격이 내린 시점에 다시 사서 빌린 주식을 갚는다. 이 차액이 이익이 된다).

패니메이만이 아니라 시티은행과 그 외 투자은행의 주식도 공매도했다. 그리고 텔레비전에 출연해서 "(주식시장이) 이제 곧 붕괴될 것이다"라고 얘기했다. 주변의 투자가들과 금융위원회 소속 상원의원에게도 "패니메이가 우리한테 사기 치고 있으니 조심하라"고 입이 닳도록 말했다. 하지만 내 말을 귀담아듣는 사람은 아무도 없었다. "넌 참 이상해" "로저스는 결국 머리가 이상해졌어"라고 수군거릴 뿐이었다.

머리가 이상해졌다는 소리를 들은 게 처음은 아니었다. 2016년에 도쿄에서 강연했을 때도 그랬다. "장차 북한이 대두될 것이다"라고 발언했다가 왜 그렇게 "북한, 북한" 하냐고 수상하다고 체포당할 뻔한 적도 있다. 2년 후인 2018년에 상황은 180도 달라졌다. "로저스가 북한에 대해 말했을 때는 머리가 이상하다고 생각했는데 지금 보니 그가 옳았다"고 다들 말하는 것이다.

2016년 미국의 대통령 선거가 한창일 때도 생생하게 기억난다. 대통령 선거 뉴스를 보면서 아내와 두 딸에게 "도널드 트럼프가 이길 거야"라고 단언했다가 얼마나 지탄을 받았는지 모른다. 나는 트럼프를 지지한 게 아니라 어디까지나 그가 이길 거라고 말한 것뿐이었는데. 실제로 나는 그를 찍지도 않았다. 하지만 내 예상대로 그가 당선되었다.

투자에 성공하려면 역사를 배워라

나는 이따금 맞는 말을 한다. 하지만 내가 맞는 말을 하면 사람들은 나를 '미쳤다'고 손가락질한다. 하지만 정말로 성공하고 싶다면 다른 사람과 다르게 사고해야 한다. 다른 사람과 똑같이 생각하면 크게 성공하지 못한다.

'투자를 성공시키기 위해서는 역사를 배우라'는 것이 내 원칙이다. 역사는 세계가 늘 변화하고 있음을 가르쳐준다. 늘 여러분의 예상을 뒤집는 사건이 일어난다.

역사상 어느 해를 보더라도 그해로부터 15년 후에는 세계가 판연히 달라져 있다. 1900년에 사람들이 맞는다고 생각했던 것이 1915년에는 모조리 틀린 것으로 밝혀졌다. 1930년과 1945년, 1960년과 1975년……. 어느 해를 봐도 그러하다.

지금 자신이 처한 상태를 이해하지 못하면 투자를 할 수 없다.

경기가 좋은 상태인지, 악화되고 있는 상태인지 정확하게 파악하지 않으면 안 된다. 그리고 역사를 배우는 것이 현재의 상황을 이해하는 유일한 길이다.

나는 이전에 미국의 컬럼비아대 비즈니스스쿨에서 투자에 대해 강의를 했다. 거기서 나는 역사를 통해 어떻게 장래를 예측하는지에 대해 학생들에게 가르쳤다. 과거에 일어난 시장 가격이 크게 상승하고 하락하던 시기를 조사하고 그 움직임이 무엇에 의해 일어났는지를 찾아보게 했다. 시장에 변화가 일어나기 전 어떤 일이 일어났는지, 그리고 그로 말미암아 세계는 어떻게 달라졌는지도. 이런 식으로 분석을 하다보면 장대한 역사와 돈의 흐름에 따라 장래의 변화를 예측할 수 있게 된다.

'아시아 시대'의 도래—세계의 부채는 서양에, 자산은 동양에

그러면 구체적으로 투자시장에 시선을 돌려보자. 앞으로 '아시아의 시대'가 다가오고 있다고 역사는 말하고 있다.

현재 유사 이래 최대의 채무국(다른 나라에서 돈을 빌리는 나라)은 미국이다. 세계에서 제일가는, 그것도 세계 역사상 가장 많은 빚을

지고 있다. 설상가상으로 그 채무는 계속 늘어나고 있다. 대외순자산(net external assets)이 2017년 말 시점에 약 마이너스 886조 엔(약 7조 9,350억 달러, 한화로 환산하면 약 9,208조 7,300억 원 – 옮긴이)으로 그 어떤 나라와도 비교할 수 없는 엄청난 액수다(도표 1 참조).

미국이 빚을 늘리는 사이에 아시아 각국은 착실히 자산을 늘리며 채권국이 되었다. 지난 75년간, 미국·유럽·일본은 중국·싱가포르 등 아시아 여러 나라에 대규모로 자본을 투자했다. 현재, 세계의 부채는 서양에 자산은 동양에 있다(도표 2, 도표 3 참조).

현재, 세계 최대의 채권국은 일본이고 3위는 중국이다. 중국에는 아주 최근까지 채무가 거의 없었다. 왜냐하면 1976년에 세상을 떠날 때까지 최고 권력자였던 마오쩌둥이 권력을 휘두르는 동안에는 중국을 신용하는 나라가 없어서 전 세계 어디서도 돈을 빌릴 수 없었기 때문이다. 빚을 질 일이 없다보니 중국은 막대한 자산을 모았다.

2008년, 리먼 사태를 발단으로 세계금융위기가 발생하자 그때부터 유사시에 대비해 모아둔 자금을 쓰기 시작했다. 주가를 끌어올리기 위해 공공사업에 막대한 자금을 푼 것이다. 중국의 자산으로 세계의 여러 나라들이 위기를 모면했다.

이후 중국이 돈을 빌릴 수 있게 되면서 채무를 진 지방자치단체,

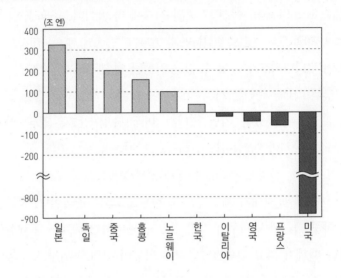

* 수치는 2017년 말 시점. 일본은 재무성, 이 밖의 다른 나라는 IMF 자료를 참고함
  출처: 「시사닷컴뉴스」 2018년 5월 25일
* 한국 수치는 한국은행이 2019년 2월 발표한 「국제투자대조표」 참조

도표 2 중국·일본은 외환보유고가 높은 나라로 세계 1위·2위

순위	국가	외환보유고(단위: 10억 달러)
1	중국	$3,219.0
2	일본	$1,259.3
3	스위스	$804.3
4	사우디아라비아	$501.3
5	러시아	$460.6
6	타이완	$459.9*
7	홍콩	$424.8
8	인도	$403.1
9	한국	$402.4
10	브라질	$379.4

출처: IMF 「중국 중앙은행」 2018

기업, 개인이 늘기 시작했다. 그래도 여전히 아주 큰 채권국이라는 사실에는 변함이 없다.

　마찬가지로 한국도 같은 길을 걷고 있다. 과거에는 막대한 저축을 보유하고 있었으나 지난 10~20년 사이에 빚이 늘었다. 특히 개인 빚이 증가하고 있다. 반면 싱가포르, 러시아 등은 여전히 강력

도표 3 세계 경제 중심의 진화과정

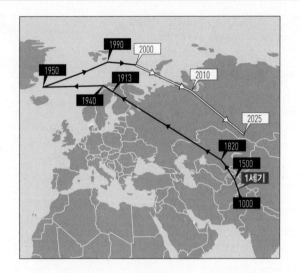

1세기	1950	2025
인도와 중국이 세계 경제활동의 3분의 2를 차지. 이후로 1,500년 동안 세계 경제의 중심은 거의 그대로였다.	3세기에 걸쳐 세계 경제의 중심이 유럽으로 이동했다. 영국 최초의 산업혁명이 계기였다. 뒤이어 경제 중심은 북미로 향한다.	2000년부터 25년 동안 중국, 인도, 이 밖의 신흥국이 차례로 융성하며 세계 경제의 중심이 처음 시작된 곳으로 되돌아간다.

출처: 『미래의 속도(*No Ordinary Disruption*)』 리처드 돕스 외 지음, 19쪽. 흐로닝언대 앵거슨 매디슨의 데이터를 사용한 맥킨지 인스티튜트에 의한 분석

한 채권국이다.

일본은 어떨까? 대외순자산은 세계 1위로 약 328조 엔(도표 1 참조)(약 3,409조 1,008억 원 - 옮긴이). 외환보유고도 2018년 3월 말 시점에 1조 2,000만 달러가 넘는데(도표 2 참조), 이 수치는 세계 2위로 아주 높은 수준이다.

하지만 일본 국내 재정을 살펴보면 깜짝 놀랄 만큼 적자 상태다. 일본이 안고 있는 장기 국채는 2017년 말 시점에서 지방을 제외하면 약 898조 엔(약 9,333조 4,528억 원)이다. 게다가 그 액수는 해마다 늘고 있다. 그 많은 빚을 갚기 위해 공채를 발행하고 그 빚을 갚기 위해 다시 공채를 발행하는 심한 악순환에 빠져 있다. 그 빚은 청년과 아이들 세대가 어른이 되었을 때, 그들이 내는 세금으로 갚아나가는 수밖에 없다. 미래 세대가 부담을 떠안게 되는 것이다.

채무가 많은 나라는 언제나 비참한 최후를 맞이한다. 역사가 그것을 증명한다. 자세한 내용은 제2장에서 다루겠다.

일본은 어떻게 해야 하나

그러다보니 일본의 장래를 우려하지 않을 수 없다. 정말로 걱정된다. 저출산 고령화, 인구감소에 이민자도 받지 않는다. 이러한 상황에서 고령자는 꾸준히 늘어서 사회보장비 등을 조달하기 위해 다시 국채를 발행한다.

1990년에 기록된 최악의 상태는 벗어났지만 일본의 장기 국채는 지난 10년 사이 증가 일로에 있다. 그 10년 사이에 인접한 아시아 나라들이 얼마나 힘이 커졌는지를 감안하면 양자 간의 격차에 눈앞이 아득해진다. 아시아 전체는 막대한 자산을 보유하고 있는데 몇몇 아시아 국가, 특히 일본만 막대한 빚을 지게 되었다.

만일에 내가 열 살짜리 일본인이라면 일본을 떠나 다른 나라에 가서 사는 것을 고려해볼 것이다. 30년 후 마흔이 될 즈음에는 일본의 빚이 지금보다 더 불어나서 차마 눈뜨고 볼 수 없는 상황이 될 테니까. 대체 누가 갚을 것인가? 국민이다. 아니면 달리 갚을 사람이 없다.

이어서 '매수해야 할' 나라는 여기다

지난 50년 사이 세계에서 가장 자극적인 나라는 일본이었다. 40년 사이에는 싱가포르였고 30년 동안은 중국이었다. 그리고 앞으로

10~20년간은 한국·북한의 통일국가가 세계에서 가장 자극적인 나라가 될 것이다.

15년 전, 아니 10년 전만 해도 북한이라는 나라는 내게 전혀 관심의 대상이 아니었다. 하지만 지금은 북한에 대해 생각할 기회가 늘었다. 세계를 뒤흔들 큰 변화가 그 땅에서 막 일어나려 하기 때문이다. 머지않아 북한이 개방되고 한국과 통일되어 하나의 나라가 되면 통일된 양국은 세계에서 가장 자극적인 나라가 될 것이다.

한국은 일본과 마찬가지로 출산율 저하가 심각한 문제가 되고 있다. 남성은 너무 많은데 여성은 부족하다. 하지만 한반도가 통일되면 그 문제는 다소 해결될 것이다. 북한에는 청년, 특히 젊은 여성이 많다. 이들은 아이를 낳기를 주저하지 않는다. 한국과 일본에서는 출산·육아에 대한 의식이 변하면서 이것이 저출산화의 한 요인이 되고 있으나 북한에서는 예전과 그리 달라지지 않았다. 극적으로 해결된다고는 볼 수 없지만 통일이 되면 한국의 저출산화 문제는 조금이나마 해결될 것이다. 적어도 똑같이 저출산 문제에 직면하고 있는 일본과 타이완, 싱가포르와 같은 인접 국가보다는 개선될 것이다.

중국은 1979년부터 2015년까지 '한 자녀 정책'이라는 한심한 정책을 실시했었다. 그 정책이 폐기된 지금도 여파는 남아 있다. 2017년 시점에서 중국의 출산율이 1.24에 그친 것이다. 이는 그렇지 않아도 낮은 일본의 출산율인 1.44(2016년)를 밑도는 수치다. 이대로 가다가는 중국은 낭패를 겪게 될 것이다. 한 자녀 정책의 폐기만으로는 문제가 해결되지 않는다. 마음을 단단히 먹고 저출산화 문제 해결에 나서지 않으면 안 된다.

한편, 일본은 저출산 고령화 문제에 관해서는 세계의 최첨단을 달리고 있다. 기술력과 품질로 늘 세계를 주도해온 일본이지만 안 좋은 면에서도 세계 최고가 된 것이다. 전 세계가 일본의 미래를 마른 침을 삼키며 지켜보고 있다. 그 결과를 다른 나라가 보고 배울 수 있기 때문이다. 저출산 고령화 문제를 해결하면 일본은 세계에 좋은 선례를 남기게 될 것이다.

이러한 상황을 감안하여 5년 후 아시아에서 가장 행복한 나라는 한반도의 통일국가가 될 것이다. 가장 번영할 나라이기 때문이다. 번영하는 나라의 국민은 대체로 만족도가 높다. 취직에도 어려움이 없을뿐더러 파산에 대해서도 고민할 필요가 없기 때문이다.

번영이 반드시 행복으로 직결된다고는 할 수 없다. 하지만 나라가 경제적으로 어려울 때 국민이 얼마나 불행한지는 역사가 가르쳐준다. 국민 스스로가 행복을 느끼지 못할 때는 제일 먼저 외국인

(이민자)을 공격한다. 피부색과 언어가 다르고 종교도 음식도 다른 외국인에게 역겨운 냄새가 난다, 그들이 먹는 음식에도 고약한 냄새가 난다고 말이다.

반대로 번영하는 나라는 거의 반드시라고 해도 좋을 정도로 외국인(이민자)을 받아들인다. 번영하면 마음에 여유가 생기고 타인에게 관대해지기 때문이다. 그래서 외국인을 받아들이면 이와 함께 다양성과 새로운 아이디어, 자본이 들어와서 그 나라는 더욱더 번영할 것이다.

사상 최악의 세계 공황이 온다

역사는 이 밖에도 많은 것을 가르쳐준다. 가령 '4~8년 주기로 커다란 경제문제가 발생한다'는 설도 그중 하나다. 앞으로 1~2년 사이에 내 평생 최악의 경제위기가 발생할 것이다. 전 세계의 부채액이 사상 최악의 수치를 기록하고 있기 때문이다. 여기에 미중 무역전쟁까지 얽히면 어마어마한 대참사가 벌어질 것이다.

국제금융협회(IIF, Institute of International Finance)에 따르면 정부, 기업, 가계, 금융기관을 합친 전 세계 채무액은 2018년 3월 말 시점에서 247조 달러(약 28경 6,520조 원 - 옮긴이)에 이른다. 10년 전인 2008년 말과 비교하면 약 43퍼센트, 75조 달러나 증가했다.

한편, 세계의 국내총생산(GDP)의 합계액은 37퍼센트, 24조 달러 증가에 그쳤다. GDP 대비로 본 채무 규모는 2.9배에서 3.2배로 확대되었고(도표 4 참조), 벌이보다 빚이 많은 구도는 리먼 사태 당시보다 오히려 악화되었다.

2008년 미국에서 리먼 사태가 일어난 이후로, 전 세계적으로 채무가 불어났다. 10년 전에는 거의 빚이 없었던 중국마저 지금은 막대한 채무를 지고 있다.

미국 중앙은행의 재무상태표를 보면 미국도 고작 10년 사이에 500퍼센트나 늘었다. 500퍼센트라니 실로 경이적인 상승률이다. 몇십 년이 걸렸다고 해도 믿기 어려울 판에 고작 10년 사이에 이렇게 올랐다니 도저히 이해할 수가 없다.

지난 10년 사이 돈의 흐름이 격변했다

지금 세계에서 빚이 없는 나라는 북한 정도밖에 없다. 어느 나라나

도표 4 지난 10년, 전 세계에 채무가 쌓이고 GDP 대비로도 팽창했다

〈세계의 채무와 GDP 대비〉

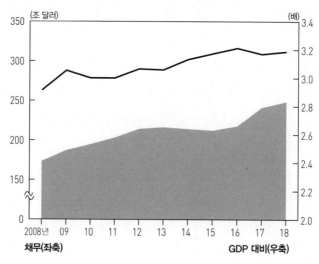

채무(좌축)　　　　　　　　　　　　　　GDP 대비(우축)

* 국제결제은행, 국제통화기금, 세계거래소연맹, 국제금융협회 데이터. 2018년은 최근 혹은 추산치
  출처: 「니혼게이자이신문」 2018년 9월 15일

빚이 천정부지로 늘고 있어서 이를 줄여보려고 긴축재정을 검토하고 있다. 하지만 실제로 긴축재정을 하는 나라는 없다. 논리로는 알면서도 실행은 꺼리기 때문이다. 다시 말해 의미 없는 검토를 하고 있는 것이다. 가령 나는 100미터를 누구보다 빨리 달리는 방법을 말로는 설명할 수는 있지만 실제로 그렇게 빨리 달릴 수 없고 그래서 세계기록을 깰 수는 없다. 이렇게 논리상으로는 누구나 이러니저러니 따질 수 있지만 어떤 일이든 실행하지 않으면 성공한다고 말할 수 없는 것이다.

어느 나라나 돈을 마구 찍어내고 있는데 마치 누가 더 많이 찍나 경쟁하는 것만 같다. 금리가 오르고 문제가 생기면 사람들은 중앙은행에 득달같이 달려가 도움을 요청한다. 그러면 거의가 관료와 학자로 채워진 중앙은행에서는 "알았어, 구제해줄게"라고 말하고 구제해줄 요량으로 지폐를 있는 대로 찍어낸다. 그러면 시장은 활기를 띠고 사람들은 한시름 놓는다.

하지만 관료와 학자는 지폐 발행 후에 일어날 일에 대해서는 전혀 고려하지 않는다. 장기적으로 봤을 때, 지폐의 남발이 효과가 없다는 것을 누구보다 잘 알면서.

단, 지폐 발행을 갑자기 중단해도 경제 문제가 발생한다. 아마 미국에서 그런 문제가 발생하면 그 영향으로 경제는 최악의 상태가 될 것이다. 빚의 규모가 가장 크기 때문이다. 그래서 미국을 시작으로 제2, 제3, 제4의 경제대국에 문제가 발생하게 될 것이다.

미국 연방준비은행(FRB, Federal Reserve Bank), 유럽중앙은행(ECB, European Central Bank) 등의 중앙은행이 금융완화 정책에 제동을 걸고 금리인상이나 '출구전략'을 취하기 시작했다. 그들은 "연착륙(soft-landing)을 할 테니 걱정 없다"라고 말할 것이다. 하지만 연착륙을 유도해서 성공한 사례는 단 한 건도 없었다.

지난 10년 사이에 자금의 흐름은 꽤나 달라졌다. 리먼 사태 후, 전 세계 나라들이 함부로 지폐를 찍어내기 시작했다. 일본은행이 무제한으로 찍어낼 거라 말했고 영국은행은 무슨 일이 있어도 필요한 일은 할 것이라고 공언했다. 미국도 찍어내야 될 양은 찍어낼 거라고 말했다. 그 결과, 시장은 바야흐로 사상 최악의 하락세에 접어들려고 한다.

요 몇 년 사이에 일어난 일들은 머지않아 엄청난 경제문제가 닥칠 것이라는 징후로 볼 수 있다. 리먼 사태 이후 10여 년이 지난 지금, 언제 어떤 일이 일어나도 이상하지 않다. 미국의 주식시장은 2009년 3월에 바닥을 친 이후 10년 가까이 상승세를 이어가고 있다. 이것은 사상 두 번째로 긴 기간이다. 역사를 공부하면 현재 미국의 상승세가 언젠가 반드시 멈추리라는 걸 누구나 예상할 수 있다.

미국 연방준비제도이사회(FRB, Federal Reserve Board)의 전 의장 재닛 옐런(Janet Yellen)은 "경제 문제는 두 번 다시 일어나지 않을 것이다"라고 단언했다. 만약 그녀의 말이 사실이라면 이다음 페이지는 읽을 필요가 없다. 하지만 언젠가 우리는 그녀가 얼마나 어리석었는지를 깨닫는 날이 올 것이다.

다음에 올 경제위기는 우리의 인생에서 최악의 경제위기가 될 전망이다. 그 위기에서 빠져나올 수 있는 사람은 그리 많지 않다. 이렇게 심각하고 파괴적인 위기가 지금 우리에게 닥치고 있는 것이다.

한반도는 앞으로
'세계에서 가장 자극적인 장소'가 된다

2018년 4월 북한의 지도자 김정은과 한국의 문재인 대통령이 남북정상회담을 열었다. 같은 해 6월에는 북미정상회담이 열리면서 북한은 개방의 급물살을 탔다.

짐 로저스는 이런 움직임을 몇 년 전부터 예측하고 북한 투자에 대한 기대감을 숨기지 않았다. 현실이 그의 예상대로 진행되는 가운데 세계적인 투자가는 '다음번 돈의 흐름'을 어떻게 읽고 있는가?

요 몇 년 사이에 한국 경제는 정체되어 있었다. 하지만 그는 "한반도는 5년 후에 '아시아에서 가장 행복한 나라'가 될 것이다"라고 단언한다. '투자의 신'이 전망하는 한반도에 곧 찾아올 자극적인 미래란?

한반도가 맞이할 극적인 변화

"남북이 통일되면 한국 경제가
안고 있는 문제는 전부 해결된다"

북한은 앞으로 두 자릿수로 성장한다

일본과도 아주 가까운 한반도. 이 땅은 앞으로 격동의 시대를 맞이할 것이다. 한국과 북한이 통일되면서.

　현재, 선진국의 경제는 정체 무드에 빠졌다. 하지만 한국과 북한은 앞으로 2020년, 2022년, 다른 나라만큼 불황의 영향을 받지 않을 것이다. 북한의 경제는 현재 세계 어느 나라와 비교할 수 없을 정도로 최악의 상태로 중국의 덩샤오핑(鄧小平) 정권이 통치하던 1980년 전반 무렵과 흡사하다. 하지만 여러분도 똑똑히 기억할 것이다. 1981년에 계획경제하에서 시장경제를 도입한 이후 외부세

계에 문을 연 중국에 무슨 일이 일어났는지? 맞다, 극적인 경제성
장을 이뤘다.

이와 비슷한 일이 북한에서도 일어나려 한다. 물론 세계 경제의
영향으로 무역 비중이 높은 한국은 다소 어려움을 겪겠지만 크게
타격을 입지는 않을 것이다. 북한 개방의 여파가 그만큼 크다는 뜻
이다. 북한은 아마도 두 자릿수가 넘는 빠른 경제성장을 이룰 것이
다. 그리고 한국과 함께 앞으로 10~20년 사이에 투자가에게 가장
주목을 받는 나라가 될 것이다.

앞으로 몇 년간 북한은 아주 자극적인 장소가 된다. 두 나라는
같은 언어를 쓰고 똑같이 쇠로 만든 젓가락을 쓴다. 서로를 잘 알
고 있으며 예의범절이 바르다. 특히 북한은 임금이 낮고 엄청난 양
의 천연자원이 매장되어 있다.

통일을 하려면 돈이 아주 많이 든다. 하지만 남북이 협력하면 군
비지출이 크게 줄어 상당한 액수의 돈을 절약할 수 있다. 한국은
물론 북한의 군비지출도 줄 것이다. 또 한반도 주변에는 잘사는 나
라가 모여 있다. 1990년 동독과 서독이 통일되었을 때는 주변에
잘사는 나라가 없어서 외국의 투자를 바랄 수 없었지만 한반도에
는 중국과 러시아처럼 투자여력이 충분한 나라들이 있다. 그래서
자금 면에서는 크게 우려할 필요가 없다.

시기적으로 통일은 언제쯤 될까? 나는 외부환경만 갖추어지면 북한은 당장이라도 개방되리라고 본다. 제일 먼저 문을 여는 것은 관광업이 아닐까? 관광업이 시작되면 80년간이나 폐쇄되어 있던 나라가 어떤 곳인지 보려고 다들 몰려들 것이다.

2018년 4월에 개최된 남북정상회담은 앞으로의 양국 관계를 상징이라도 하듯이 드라마틱하게 열렸다. 이 관계를 쭉 이어가다 보면 양국은 세계에서 가장 멋진 통일국가가 될 것이다. 앞에서 언급했듯이 여러 나라가 붕괴되고 있으나 한국과 북한이 붕괴될 가능성은 낮다. 모든 일이 잘 풀리면 두 나라는 전 세계에 극적으로 대두하게 될 것이다. 정말로 기대된다.

한국의 저출산 고령화 문제는 북한의 개방으로 해결된다

대한민국의 수도 서울은 내가 정말로 좋아하는 도시다. 1999년 처음 방문했을 때는 아직 크게 발전하지 않은 도시였다고 기억한다. 그래서 "미국의 작은 주와 별반 다르지 않구나"라고 느꼈는데 지역에 따라 음식과 말의 억양이 크게 다르다고 해서 놀랐다. 한국은 과거에 은자의 왕국(Hermit Kingdom, 1637~1876년경의 조선에 붙여진

이름)으로 불리며 외국에 폐쇄적이었는데 아마도 그런 특징이 지방에 따라 각기 다른 문화로 발달하는 데 영향을 미쳤으리라.

한국에 이름난 사적이 몇 군데 있는지도 전혀 몰랐다. 역사를 보면 몇몇 시기에 번영을 이루고 거대한 부를 축적했는데도 그 정도로 한국의 역사에 무지했던 것이다. 대부분의 세계인들이 나와 수준이 비슷하지 않을까? 여태까지 한국은 국제무대에서 일본과 중국만큼 중요한 나라는 아니었기 때문이다.

한국에서는 번데기를 삶아먹는 등 먹을거리가 풍부하고 흥미진진한 볼거리도 정말 많다. 개인적으로는 도쿄를 좋아하지만 앞으로 20년은 일본이 쇠퇴하고 한국이 성장하며 자극적인 나라가 될 것이다.

어째서 한국이 일본보다 더 성장할 거라고 단정하는가? 그 이유는 두 가지다. 첫 번째, 이 장 첫머리에서 말했듯이 한국과 북한의 통일로 새로운 국가가 탄생하기 때문이다. 양국은 서로 부족한 부분을 보완하고 장점을 살리면서 비약적으로 성장할 것이다. 두 번째 이유로는 한국인들의 기질이 일본인보다 다소 개방적이기 때문이다. 일본보다 변화를 좋아하고 외국의 문물을 더 받아들이는 편이다.

일본과 마찬가지로 한국도 저출산 고령화라는 문제를 안고 있다. 두 나라 다 여성이 부족하다. 많은 사람이 "아시아에는 남성이 부족하다"고 하는데 정말로 필요한 성별은 여성이다. 「조선일보」에 따르면 2028~2033년에는 한국인의 남녀비율이 약 120 대 100이 되어 단순계산으로도 남성이 20퍼센트나 많아진다고 한다.

이미 한국에서는 많은 농촌 사람들이 자기 나라에서는 신붓감을 찾지 못하고 베트남으로 가고 있다. 일본이라면 어떨까? 외국인 신부를 얻을 바에야 평생 독신으로 살겠다는 사람이 많은 듯하다. 그런 의미에서는 한국이 좀 더 개방적이라고 할 수 있다.

북한의 여성이 한국에 들어오면 신붓감 후보는 더욱 늘어날 것이다. 북한에서는 여성이 부족하지 않다. 그리고 일본·한국과 달리 아이를 낳기를 원한다. 그래서 한국과 일본, 타이완, 싱가포르처럼 저출산 고령화로 쇠락할 가능성은 낮다. 한국과 북한이 통일되어 새로운 국가가 탄생하면 일본과 타이완, 싱가포르와는 다른 길을 갈 것이 분명하다.

한국재벌은 좋든 싫든
핵심 역할(key player)을 한다

"신흥 스타트업이 바람직하지만,
북한 개방에는 재벌이 큰 역할을 한다"

문재인 정권의 책임

하지만 한국도 세계적으로 보면 아직 개방되지 않은 나라다. 특히
요즈음의 한국 경제는 관료적·폐쇄적인 구조에 빠져 있다. 한국은
1997년에 일어난 아시아 통화위기가 한창이던 시기에도 약동적인
편이었으나 지금은 20~30년 전과 대조적으로 소수의 재벌에 자본
과 권력이 집중되어 있는 상태다. 5대 재벌(삼성, SK, 현대, LG, 롯데)
이 한국의 주가지수의 절반을 독점하고 있다(도표 5 참조).

재벌(財閥)이란 신기한 존재로 미국에서는 찾아볼 수 없는 개념이
다. 그래서 '재벌'이라는 한국어는 그대로 영어로 'chaebol'이 된다.

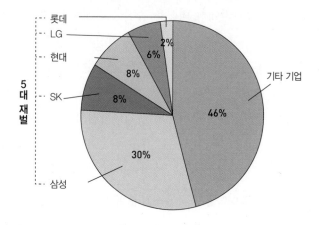

도표 5 한국 주식의 절반 이상을 차지하는 5대 재벌

롯데
LG
현대
SK
삼성

5대 재벌

기타 기업
46%

2%
6%
8%
8%
30%

* 2018년 4월 기준으로 5대 대기업에 속하는 상장기업의 벤치마크 코스피 지수에 가중치 적용
출처: '한국의 재벌(South Korea's Chaebol)', 「블룸버그」 2018년 10월 5일

　이른바 한국식 가족경영기업을 가리키는데 한국 주식의 시가총액 상위 30개사 중에 재벌계열이 아닌 회사는 겨우 5개사에 불과하다. 전 세계를 둘러봐도 이렇게 소수의 기업에 자본과 권력이 집중된 예는 없다.

　문재인 대통령은 2017년에 취임한 후 '한국 경제의 패러다임 재검토'라는 기치 아래 '소득주도'와 '혁신(innovation)'이라는 두 개의 중심축을 기반으로 성장정책을 추진하고 있다. 다만 효과가 있을지는 심히 의문이다.

전 세계 모든 나라에서 혁신을 촉진하는 정책과 목표를 내세우고 혁신과 창업을 장려한다. "여러분은 혁신에 찬성합니까, 반대합니까?"라고 물으면 어떤 정치가도 찬성한다고 말한다.

누구나 혁신하자고 소리 높여 외치지만 그래서 뭘 어떻게 한단 말인가? 뭔가 구체적인 방안이라도 실행하면서 하는 말인가?

한국 아이들의 '장래 직업 순위'가 가리키는 것

2017년, KBS의 초빙을 받아 한국에 갔다. 내 특집방송을 만들고 싶다는 제의를 받고 프로그램을 녹화하러 간 것이다(KBS 프로그램 〈명견만리〉에서 '투자왕, 짐 로저스의 경고' 편으로 제작해 2017년 8월 11일과 18일에 2부작으로 방영했다). 그래서 알게 된 사실인데 한국의 10대가 꼽은 장래에 가장 되고 싶은 직업 1순위는 공무원이라고 한다. 또한 「한겨레신문」에 따르면, 질문 대상을 초·중·고 학생 전체로 넓혀도 장래 직업 순위 1위는 11년 연속으로 공무원 성격을 가진 '교사'라고 한다. 일본의 결과와 비교해보고 싶다(도표 6 참조).

나는 이런 안정지향적인 기조에 문제가 있다고 생각한다. 다른

| 도표 6 | 한일 아이들의 장래 직업 순위 | |

한국(초등학생)	일본(여학생)	일본(남학생)
① 교사	① 음식점 주인	① 학자·박사
② 운동선수	② 간호사	② 야구선수
③ 의사	③ 보육원·유치원 교사	③ 축구선수
④ 요리사	④ 의사	④ 의사
⑤ 경찰관	⑤ 학교 교사(학원 교사)	④ 경찰관·형사
⑥ 가수	⑥ 가수·탤런트·연예인	⑥ 목수
⑦ 법률가(판사·검사·변호사)	⑥ 약사	⑦ 소방관·구급대원
⑧ 프로게이머	⑧ 사육사·펫샵 주인·동물조	⑧ 음식점 주인
⑨ 빵가게 주인·디저트가게 주인	련사	⑨ 건축가
⑩ 과학자	⑨ 댄스 교사·댄서·발레리나	⑨ 수영선수
	⑨ 디자이너	⑨ 전철·버스·자동차 운전사
		⑨ 요리사

* 전부 2017년에 조사. 한국은 「연합뉴스」가 보도한 '진로교육 현황조사'에서, 일본은 제일생명보
험에서 조사
출처: 「산업신문」 2018년 1월 21일

나라에 가서 16세 전후의 아이에게 "장래 무엇이 되고 싶은가?"라고 물어보라. 축구선수라거나 록스타, 영화배우가 되고 싶다는 대답이 돌아올 것이다. 11년 연속으로 공무원이 인기 최고라니 세계의 역사를 봐도 드문 예다. 이거야말로 정치가가 입으로는 혁신, 이노베이션을 떠들면서도 나라의 청년들에게 큰 꿈을 심어주지 못한다는 증거가 아닐까?

서울에는 고시촌이라는 곳이 있다. 대학입시와 공무원 시험에 합격하려는 학생들이 공부에 매진하기 위해 따로 방을 얻어서 사는 지역이다. 합격률이 1.8퍼센트에 불과한 공무원 시험에 도전하는 그들의 노력에는 감탄을 금할 수 없지만 그래야 하는 현실이 너무나도 안타깝다. 청년들이 도전보다 안정을 추구하는 사회에서 혁신은 일어나기 어렵다.

문재인 대통령은 뭔가 대책을 강구해야 한다. 창업을 하려는 아이들이 이렇게나 없으니 말이다. 미국의 실리콘밸리에는 거의 모든 10대가 창업을 생각한다. 집 차고에서 일단 IT기업을 세우려 한다.

혁신을 말하기는 간단하다. 하지만 그 혁신은 사회로부터 와야 한다. 한국이 북한에 개방되면, 이 보수적인 경향도 다소는 누그러지겠지만 한국 사회가 개방되려면 아직은 좀 더 기다려야 한다.

미중 무역전쟁의 영향은?

하지만 2017년 한국의 실질 GDP 성장률은 3.1퍼센트로 3년 만에 3퍼센트 대에 올랐다. 특히 반도체 수출의 성장이 두드러져서 57.4퍼센트라는 높은 성장률을 기록했다. 단, 앞으로는 트럼프 대통령이 촉발시킨 미중 무역전쟁의 향방에 따라 반도체 산업은 물론 모든 산업에 브레이크가 걸릴 것이다.

"중국에 대한 무역 의존도가 높은 한국은 무역전쟁의 당사자인 중국보다 더 큰 경제적인 타격을 받을 수 있다"고 「블룸버그 이코노믹스(Bloomberg Economics)」는 분석했다. 중국의 수출용 부품수입이 10퍼센트 줄면 한국의 성장률은 0.9포인트 줄 것이라 전망된다. 타이완과 말레이시아, 일본 등도 중국에 대한 무역 의존도가 높은 편이지만 가장 큰 영향을 받는 나라는 한국이라고 한다. 단, 이에 관해서는 섣불리 예단할 수 없다.

전 세계의 자금이 한반도로 흘러들어오는 날

2018년 6월, 외국인 투자가들이 한국에 투자한 자금을 빼서 화제가 되었다. 무엇보다 전쟁이 일어날 가능성을 우려했기 때문이다. 미중 무역분쟁과 거기서 촉발된 외환전쟁으로 외국인 투자가들이 신흥국에 불신감을 갖게 되었다. 하지만 북한이 개방되고 한반도에 평화가 구축되면 전 세계로부터 많은 자금이 한국으로 흘러들어올 것이다.

호조인 삼성전자를 필두로 재벌 기업의 실적이 한국 경제를 든든히 받치고 있다. 이러한 상황은 북한이 한국에 개방되면 더 확대될 것이다. 재벌 기업이 북한에 투자할 돈을 가장 많이 보유하고 있기 때문이다.

한국 재벌 기업의 존재감은 상당하다. 앞에서 설명한 것처럼 한국 주식의 시가총액 상위 30위 기업 중에 25개사가 바로 재벌 계열이기 때문이다.

가령 삼성은 성공을 체현한 위대한 기업이다. 만약 당신이 한국에 태어났다면 아마도 삼성병원에서 태어나서 삼성병원에서 숨을 거둘 것이다. 그리고 삼성의 장례회사를 통해 장례를 치르게 된다. 이렇게 삼성은 한국인을 요람에서 무덤까지 지배하고 있다. 이보다 위대한 성공 스토리를 들어본 적 있는가?

재벌 기업에 의존하는 경제 구조에도 물론 문제점이 있다. 단, 그 부분은 시장 원리와 사회의 힘으로 이미 개혁되고 있다. 성공한 사람들은 대개 만족을 모른다. 그래서 애써 도달한 곳에서 다시 경쟁에 나선다.

특히 북한이 개방되면 많은 사람이 들어가고 북한에서도 기업가가 탄생할 것이다. 중국의 기업가도 한반도로 들어갈 것이다. 인재뿐이랴? 중국, 러시아, 일본의 자금이 흘러들어가고 치열한 경쟁이 벌어질 것이다.

내가 북한에 투자하고 싶다고
단언하는 이유

"풍부한 자원, 근면하고 교육수준이 높은
국민성······ 북한의 잠재력은 높다"

북한은 원래 한국보다 잘살았다

현재는 세계 최하위라고 해도 과언이 아니지만 1970년까지만 해도 북한은 한국보다 잘살았다. 북한의 1인당 국민총소득은 1960년대 초엽까지 급성장했다. 그것이 역전된 이유는 전적으로 북한의 체제가 공산주의였기 때문이다(도표 7 참조).

공산주의는 모든 걸 망칠 가능성이 있다. 단, 지금도 북한에는 옛날에 갖고 있던 강점이 남아 있다.

가령 북한 사람들은 일본인과 마찬가지로 교육열이 높고 가정교육을 철저히 시킨다. 열심히 일하고 저금한다. 이는 경제적 발전

(달러)　　　　　　　　　　　　　　　　　　(기준연도 2010년)

김병연(2008) 34쪽, 한국 통계청(2008) 데이터베이스, 한국개발연구원(1995) 751쪽, 미국 노동통계
국 데이터베이스에 의거하여 작성
* 2010년을 기준연도로 각 년도의 실질 GNI를 도출함
　출처: 다카야스 유이치, '한국을 능가하던 북한 경제', 「넷케이비즈니스온라인」, 2012년 1월 12일
* 2010년 이후 통계는 인덱스 문디(index mundi)와 크노에마(knoema) 데이터베이스 참조

에 필요한 조건이다. 중국과 일본만이 아니라 미국과 독일도 역사상 이와 비슷한 시기를 경험했다. 지금은 북한이 그 시기에 접어든 것이다.

나는 북한에 두 번밖에 가본 적이 없지만 그들이 일하는 모습을 보고 눈이 휘둥그레졌었다.

북한과 중국의 국경에 인접한 중국 측 지역에 가면 북한 사람이 몇 천 명이나 살고 있다. 한복을 입고 한국의 명절에 쉬고 한국말을 쓰는 그들이 조국에 돌아갈 수 있도록 변화가 일어나기를 고대한다.

조용히 개방을 준비하고 있는 북한

북한은 최근 들어 많은 인재를 싱가포르와 중국에 보내고 있다. 기업과 자본주의, 소유권과 주식시장에 관해 배우며 개방 준비를 하는 것이리라. 현재 북한에는 주식시장이 없지만 언젠가 생길 때를 대비하여 시장이 어떻게 돌아가는지 지금 한창 배우는 중이다. 싱가포르에 오는 북한 사람은 다들 젊고 머리가 좋다. 기업에서 파견되는지 정부에서 파견되는지는 알 수가 없지만 싱가포르로 오는 것을 정부가 승인하고 있음은 확실하다. 그리고 외국과의 왕래가 활발해지며 다른 나라에도 북한 식당이 생기기 시작했다.

현재 북한에는 '자유무역지역'이라고 불리는 장소가 15군데 있다. 국제 마라톤 등 국제 스포츠 이벤트가 열리는 장소와 국제 스키리조트가 바로 그것이다.

개성공업단지를 알고 있는가? 북한 측, 군사경계선 최전방에 있는 한국이 만든 산업지대를 말한다. 거기에 여러 개의 공장이 있고 북한의 직원들이 매일 찾아와 일했다. 일은 북한사람들이 하고 돈은 120개 남짓한 한국 기업이 버는 구조다.

개성공업단지는 2004년에 조업을 개시했으나 2016년 북한이 장거리 미사일을 발사하며 조업이 중단되었다. 그 일 이후로 2018년 현재까지 사실상 정지상태다. 지금 교도소에 있는 박근혜 전 대통령의 지시에 따른 것이다.

하지만 실제로 북한 측은 은밀하게 공업단지에 있는 공장을 가동시키고 있으며 2018년 8월에는 한국 측도 전력을 공급한다고 발표했다. 과거 사업을 했던 한국기업 중 약 96퍼센트는 사업을 재개하기를 바란다고 밝혔다. 현대와 롯데, KT 등의 대기업도 참여하기를 바라고 있다. 양국이 통일되면 개성공업단지가 조업을 개시하는 것도 시간문제다.

김정은은 어떤 지도자인가

공산주의 나라에서 이토록 급진적인 변화가 온 이유는 첫째, 국가
의 리더가 변했기 때문이다. 김정은은 청소년기를 스위스에서 보
낸 인물로 보통의 '북한인'과는 어딘가 다르다. 부친인 김정일의
뒤를 이은 이유도 거기에 있지 않을까? 그뿐만이 아니다. 북한의
장관들은 젊은 시절 베이징과 상하이, 모스크바 등의 도시에 주재
한 경험이 있다. 그들은 자신들이 재임했던 30년 전과 지금을 비교
하여 "베이징과 모스크바는 저렇게 달라졌는데 평양은 여전히 시
대에 뒤떨어졌다"라고 탄식했다. 그리고 그런 외부세계를 아는 사
람들이 국가의 고위직에 오르며 북한에도 긍정적인 변화가 일어
나기 시작했다.

　김정은이 몰고 온 새로운 바람과 원래부터 갖고 있던 근면한 국
민성을 한국의 경영능력과 자본에 대한 노하우와 잘 뒤섞으면 굉
장히 자극적인 나라가 될 것이다. 이미 노동력 부족에 빠진 일본과
는 대조적으로 한반도에는 값싼 노동력, 젊은 여성이라는 새로운

인적 자원이 있다.

　실제로 북한의 경제성장률은 요 20년 사이에 천천히 성장해왔다(도표 8 참조).

　1999년에는 전년 대비 6퍼센트라는 높은 성장률을 달성했고 2016년에는 한국, 일본, 미국을 웃도는 성장률을 기록했다(도표 9 참조).

　2017년에는 국제사회의 경제제재와 가뭄으로 좀 떨어지기는 했지만, 북한의 경제성장률은 앞으로도 쭉쭉 오를 것이다.

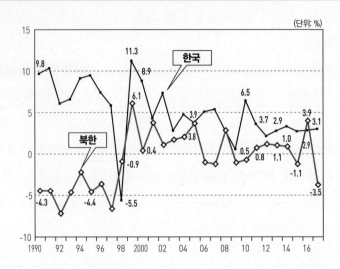

(단위: %)

출처: '경제제재가 북한의 생산활동에도 타격', 공익사단법인 일본경제연구센터 2018년 8월 6일

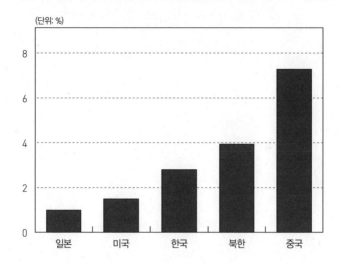

(단위: %)

출처: '북한의 성장률 3.9% 일본의 4배 데이터로 보는 북한', 「니혼게이자이신문」 2018년 6월 7일

한반도 통일의
수혜를 받을 산업은 무엇인가?

"수많은 선택지가 여러분을 기다린다"

내가 대한항공에 투자하는 이유

앞으로 5년간 한반도에서 특히 급격하게 발전할 산업은 무엇이냐고 누가 묻는다면 나는 주저 없이 관광업과 농업이라고 대답할 것이다. 이 두 산업은 공교롭게도 일본과 겹치지만 이유는 다르다. 이 밖에 광산업, 어업, 의류산업에도 기대가 크다.

내가 현재 보유 중인 한국 주식은 대한항공 주식이 중심이다. 그 이유는 한국의 관광산업에 장래성이 있다고 보기 때문이다. 한국인들은 북한이 어떤 나라인지 보고 싶어서 몸이 근질근질한 상태다. 그래서 한동안 북한이 개방되면 관광업 투자가 폭발적으로 늘어날 것이다. 해외에 사는 수많은 한국인도 양국 사이에 무슨 일이 일어나는지 알기 위해 조국으로 돌아올 것이다. 국내여행도 활발해질 것이다. 제2장에서 다루겠지만 일본의 관광업은 일본에 관광하러 오는 외국인을 대상으로 해야 경기가 살아난다. 반면 한국은 한국과 북한 사이를 오가는 국내여행이 활기를 띨 것이다. 어느 쪽이든 관광업의 미래는 밝다.

한국농업의 부흥

그리고 농업. 한국도 일본과 마찬가지로 농업인구의 고령화라는 문제를 안고 있다. 그래서 후계자를 찾지 못해서 나이든 노인이 고된 육체노동을 하고 있다.

농업종사자는 세계적으로 자살률이 가장 높은 직업으로 알려져 있다. 영국에서는 농업종사자가 일주일에 한 명꼴로 자살한다는 조사가 발표되어 사회문제가 되었다. 인도에서도 심각한 기후변동으로 농작물을 수확하지 못해 근래 20몇 년 사이에 30만 명이 넘는 농업종사자가 자살했다고 한다.

하지만 농업은 이 세상에서 절대 사라지지 않을 직종이다. 우리 인간은 식량이 없으면 살아갈 수 없다. 따라서 누군가는 반드시 농업에 종사하지 않으면 안 된다. 세계 각국의 식량 소비량은 생산량을 웃돌아서 역사적으로도 식량 저장량은 낮은 상태를 유지하고 있다. 따라서 언제 식량위기가 와도 이상하지 않을 정도다. 그래서 중국 등지에서는 농업지원과 보호정책을 펼치며 지방 농업종사자의 수입을 올리려 애쓰고 있다. 그러나 도시로 유입되는 인구를 막지 못하고 있다.

하지만 한국농업에는 미래가 있다. 북한이 개방되면 수많은 청년, 값싼 노동력이 한국의 농촌으로 흘러들어갈 테니 말이다.

한국의 산업은 앞으로 20년 동안 행복한 시절을 보낸다

광산업도 활발해질 것이다. 북한에는 많은 광상(鑛床: 유용한 광물이 땅속에 많이 묻혀 있는 부분)이 있다. 앞에서 설명한 것처럼 1970년대, 북한은 한국보다 잘사는 나라였다. 그 이유 중 하나가 북한에는 광상이 많이 있었기 때문이다. 지금도 북한에는 광상이 여전히 풍부하게 남아 있다. 현재는 공산주의하에서 제대로 활용되고 있지 못할 뿐이다. 양국이 통일되면 광산업과 어업도 다시 살아날 것이다.

의류산업도 괜찮다. 특히 북한은 인건비가 낮아서 싼값에 의류를 생산할 수 있다. 적어도 앞으로 20년, 한반도의 미래는 밝다. 북한이 개방되면 한국에서 생산하는 제품은 그게 무엇이든 간에 주목산업이 될 것이다. 지금 북한에는 극단적으로 말해서 의자도 전기도 아무것도 없다. 한국에 있는 기업이 전부 수혜를 입게 된다는 소리다.

북한과 관련해서 투자해야 할 산업은?

지금은 안타깝게도 미국인인 내가 북한에 투자하는 것은 위법이다. 만약 투자하면 체포된다. 현 단계에서는 일부 중국인과 러시아인만이 북한에 투자할 수 있다. 투자하지 못하는 우리는 바깥에서 그들이 돈 버는 광경을 손가락을 빨며 지켜보는 수밖에 없다. 만약 투자가 가능해지면 나는 당장이라도 투자를 시작할 것이다. 현재 북한은 1981년의 중국과 마찬가지로 다가올 대변혁을 향해 질주하고 있는 상태이기 때문이다.

2015년, CNN과의 인터뷰에서 나는 이미 "북한에 전 재산을 투자하고 싶다"고 밝혔다. 당시에 주변에서는 거의 다 회의적인 반응을 보였다. 1980년에 "중국에 투자해야 한다"고 말했을 때도 다들 비웃었다. 하지만 다른 사람이 생각하지 못하는 새로운 아이디어가 투자에서는 정답이 될 수 있다.

북한에 대한 투자가 허가가 나지 않은 현재 북한과 관련하여 투자하게 되면 어떤 산업이나 종목이 유망할까?

대한항공 주식 이외에 내가 보유한 한국 주식은 상장지수펀드 (ETF)다. ETF는 여러 종목을 묶어서 분산투자할 수 있어 안심이다. 반면 한국 기업을 대표하는 삼성의 주식은 그렇게 매력적이지 않다. 삼성은 이미 규모가 너무 커서 설령 한반도가 통일되고 큰 변화가 와도 그렇게 크게 영향을 받지 않을 것이다. 중소기업이라면 한국만이 아니라 중국과 러시아 기업도 한반도 통일의 수혜를 받겠지만 아직 눈에 띄는 구체적인 종목은 발견하지 못했다.

북한에 대한 투자금지 조치가 해제되면 어디에 투자하면 좋을까? 산업에만 한정지어 생각해보면 관광업, 물류업이나 앞서 소개한 광업도 좋다. 이 밖에도 전력과 컴퓨터 등 다양한 선택지가 존재한다. 생각만 해도 가슴이 설렌다.

예상 가능한 최악의 시나리오

"미국의 움직임에 눈을 떼서는 안 된다"

주한미군의 행방

이상과 같은 이유로 나는 양국의 통일을 기대하고 있다. 유일하게 실패할 요인이 있다고 한다면 그것은 미국이다.

미국은 한국에 대략 3만 명 가까운 병력을 주둔시키고 있다. 중국 및 러시아 국경과 가까워서 미국이 군대를 주둔시킬 수 있는 유일한 장소이기 때문이다. 세계지도를 보면 한눈에 알 수 있다. 중국·러시아를 견제하는 최적의 장소는 한국밖에 없다. 이렇게 당장이라도 전쟁이 일어날지도 모를 장소에 자국의 병사들을 주둔시키는 것은 매우 위험한 일이라고 나는 생각한다. 그렇다고 행여

나 미국이 미군 대신에 일본의 자위대를 한국에 주둔시키려 한다면 한국과 북한에 가져올 긍정적인 변화는 결국 사라질 것이다.

그러면 한국 다음으로 중국·러시아와 가까운 일본에 미군의 병력을 보낼 수는 없을까? 개인적으로 그럴 가능성은 없다고 생각한다. 일본에는 이미 6만 명이 넘는 미군이 주둔해 있다. 이 숫자는 국외에 주둔하는 미군 가운데 세계에서 가장 많은 숫자다.

어쨌거나 태평양 연안의 나라 중 특히 중요한 위치에 있는 한국의 기지를 미국은 무슨 일이 있어도 유지하려고 할 것이다. 6·25전쟁이 휴전한 것은 65년도 더 지난 일이고 그때 이후로 미군이 한국에 주둔하는 것은 어쨌든 역사적 사정에 불과한데도 말이다. 미국에 세금을 내는 납세자로서 전후 65년간이나 주한미군을 위해 쓸데없는 세금을 낸다고 생각하면 속이 쓰리다.

북한에 대한 경제 제재만 해도 그렇다. 세계 모든 나라에서 해제해도 미국만은 마지막까지 제재를 풀지 않을 것이다. 역사적으로 보면 중국과 베트남, 쿠바 등을 제재할 때도 그랬다. 다른 나라들이 해제해도 미국은 버티고 버티다 가장 마지막에 제재를 풀었던 과거가 있다.

북한 진출을 착실히 준비 중인 중국과 러시아의 속내

문재인 대통령이 머리를 잘 써서 강경 자세를 취하면 미군을 철수
시킬 수 있을지 모른다. 문 대통령이 원하기만 하면 푸틴(Vladimir
Putin) 대통령과 시진핑(習近平) 주석이 얼마든지 도와줄 것이다.
러시아도 중국도 표면적으로는 한반도의 평화를 유지하기를 바란
다고 한다. 하지만 러시아는 이미 자국과 북한을 잇는 철도를 건설
하고 있으며 북한의 북쪽, 즉 러시아와 가까운 지역 두세 군데에
항만시설을 건설했다. 중국도 마찬가지로 북한으로 통하는 다리와
도로를 건설하고 있다. 러시아와 중국이 자신들이 오래전부터 눈
독 들인 땅을 미국에 빼앗길 바에야 서로 손잡는 편이 낫다고 생
각한다면, 한반도에서 미군을 내보낼 수 있을지도 모른다.

문재인 대통령은 머리가 좋고 굳세고 강인한 대통령이다. 하지
만 최근의 행보를 보면 그런 느낌이 들지 않는다. 개인적으로는 언
젠가 미국에 굴복할까봐 걱정된다. 만약 한국이 미국에 굴복한다
면 한반도는 대혼란에 빠지고 전쟁이 일어날 것이다. 전쟁이 일어
나면 다른 아시아 국가도, 아니 전 세계가 모두 남의 일인 양 구경
만 하고 있을 수는 없을 것이다. 전쟁이라니 어리석고 미친 짓이
다. 하지만 역사를 보면 전쟁은 대개 어리석고 제정신이 아닌 이유

로 시작되었다. 그런 일만 일어나지 않는다면 한반도는 아주 멋지고 활기찬 땅이 될 것이다.

　미국과 러시아, 중국이 북한 내의 땅따먹기 게임에서 이기기 위해 필사적으로 싸우고 있다. 그러니 북한의 경제는 눈부시게 발전할 것이다. 사람들은 이미 북한의 개방에 맞춰 투자하기 시작했다. 전 세계의 자금이 한반도로 흘러들어갈 것이다. 일본은 역사적인 경위에서 한국과 북한에 대대적인 투자를 하기는 어렵겠지만 그렇다고 가만히 지켜보고만 있지는 않을 것이다.
　북한은 지금 실로 많은 것이 빠르게 변하고 있다. 나는 지금 딸들에게 표준 중국어를 가르치기 위해 싱가포르에 살고 있는데 그것만 아니면 북한으로 이사할지도 모른다. 그만큼 북한과 한국은 중대한 변혁의 시기를 맞고 있다.

제2장

큰 가능성을 간직한 일본

일본에 호의적이라고 알려진 짐 로저스도 일본의 장래에는 비관적이다.

그는 그 근거를 세계사에서 찾는다. 인구가 줄고 빚이 불어나는데도 외국인을 받지 않는 것. 그러한 나라가 망하는 것은 '역사의 필연'이라고 한다.

하지만 희망은 있다. 일본인의 강점을 최대한으로 살려서 앞으로 성장할 분야에 적극적으로 투자를 하면 역전도 불가능하지는 않다. 이 장의 후반에는 세계적인 투자가가 제시하는 '일본이 부흥하는 길'을 실었다.

세계사에 비추어 일본의 미래를 본다

"폐쇄된 나라는 망하고
개방된 나라는 번영한다……역사의 필연"

일본에 사는 열 살짜리 아이라면 당장 일본을 떠나라

일본은 내가 세계에서 가장 좋아하는 나라 중 하나다. 지금껏 나는
두 번이나 세계 일주 여행을 하며 수많은 도시를 방문했는데 그중
에서도 도쿄처럼 식문화가 풍요롭게 발달한 도시를 알지 못한다.
도쿄 긴자에 있던 세계 최고의 스테이크하우스를 지금도 기억하
고 있다.

최고의 이탈리아 레스토랑은 이탈리아가 아니라 일본에 있다.
물론 먹을거리만이 아니다. 일본은 모든 것이 놀랍다. 교토를 비롯
해서 역사를 잘 보존한 도시도 수두룩하다. 그래서 개인적으로 정

말로 좋아하고 인정하는 이 나라가 50년 후, 100년 후에 사라진다니 안타까움을 금할 수가 없다.

사라진다고 단언하는 이유는? 당연하다. 그렇게 빚이 많은데 아이도 낳지 않기 때문이다. 나는 일본을 몹시 사랑하지만 일본에서 살고 싶지는 않다. 빚과 저출산, 단순히 말해서 이 두 가지가 그 이유다.

2017년 11월, 미국의 투자정보 라디오 방송 「스탠스베리 인베스터 아워(Stansberry Investor Hour)」에서 나는 이렇게 말했다. "만약 내가 지금 일본에 사는 열 살짜리 아이라면 AK-47을 구입하거나 아니면 이 나라를 떠날 것이다. 왜냐하면 지금 일본에 사는 아이들은 앞으로 인생을 살며 끔찍한 일을 겪게 될 테니까." AK-47이란 구소련이 개발한 자동소총을 가리킨다. 이 라디오 방송은 인터넷상에서 시청할 수 있는데 방송이 되고 얼마 지나지 않아 큰 화제가 된 모양이다. 일본에서도 파문을 일으켰다고 들었다.

범죄대국이 될 '2050년의 일본'

물론 아무 데나 쏘고 다니라고 총을 사라고 한 건 아니다. 열 살짜리 아이가 마흔이 되면 일본 각지에서 폭동이 일어날지도 모른다. 나라가 파탄지경에 이르면 국민 전체가 불만을 느끼고 분노, 폭력, 사회불안이 커진다. 일본은 절대 그렇게 되지 않을 거라고 말하는 사람도 있겠지만 어느 나라에서나 그런 사회현상이 일어난다. 살인을 포함한 각종 범죄가 늘어날 것이다.

30년 후에는 그만큼 사회문제가 심각해질 테니, 자신의 몸을 지키기 위해서 혹은 혁명을 주도하기 위해서는 총이 필요할지도 모른다고 말하고 싶은 것이다.

열 살짜리 아이가 이대로 일본에 남아서 크게 성공을 거두고 한 재산을 모을 수도 있다. 하지만 그 인생이 순풍에 돛을 단 듯이 순조롭지는 않을 것이다. 왜냐하면 일본에 부는 바람은 순풍이 아니라 역풍일 테니까.

나라의 쇠퇴 원인을 역사에서 살피다

나라에 인구가 감소하고 이민자를 받지 않으면 장차 큰 문제가 발생한다. 이는 역사도 말해주는 명백한 사실이다.

가령, 서아프리카의 가나공화국. 1957년 당시, 가나는 대영제국의 식민지 중에서 가장 부유한 나라였다. 하지만 초대 대통령 콰메 은크루마(Kwame Nkrumah)가 "외국인이 배제된 가나인만을 위한 가나를 만들겠다"며 국경을 폐쇄했다. 결과는 어땠을까? 가나는 고작 7년 후에 와해되었고 군사 쿠데타가 발발하며 은크루마는 추방당했다.

버마도 좋은 예다. 1962년, 버마는 아시아에서 가장 부유한 나라였다. 하지만 버마 정부도 "외국인을 추방하라"고 명령하고 국경을 폐쇄했다. 그 후 나라이름도 미얀마로 바꾸었는데 50년 후인 지금은 아시아에서 가장 가난한 나라가 되었다.

동아프리카의 에티오피아도 마찬가지다. 200~300년 전에는 아주 번영했던 에티오피아는 아프리카에서도 아주 특수한 나라였다. 아프리카의 대다수 지역이 15세기 이전에 기독교에서 이슬람교로 개종했으나 이곳만은 기독교가 살아남았다. 즉, 외부세계에 열려 있어서 번영할 수 있었던 것이다. 그런데 외국인은 필요 없다며 문을 닫아걸자마자 완전히 붕괴되었다. 지금은 GDP가 세계평균의 5퍼센트에도 미치지 못하는 이 세상에서 가장 가난한 나라가 되어 사람들의 관심에서 멀어졌다.

세계 경제를 리드하는 존재가 된 중국도 과거에 같은 실수를 저질렀다.

유럽인이 신대륙으로 건너가기 훨씬 전에 중국인이 먼저 아메리카를 발견했다는 설이 있다. 그 설에 따르면 유럽인이 아메리카를 발견했을 때, 중국인이 이미 거기에 있었다는 것이다. 하지만 중국의 황제 혹은 어떤 권력자가 신대륙에는 원하는 게 아무것도 없다며 더는 그곳에 가지 못하게 배를 모조리 불태워버렸다. 또 아프리카를 비롯한 각지를 탐방했던 정화(鄭和, 명나라의 대항해가로 동서양의 교역로 바닷길을 개척했다)라는 유명한 제독도 있었는데, 정부는 그가 남긴 귀중한 지도와 기록을 깡그리 불태우고 나라를 폐쇄시켜버렸다. 그러자 어떻게 되었을까, 중국도 쇠퇴의 길을 걸었다.

미국도 그랬다. 미국 경제가 가장 번영했던 것은 이민법이 제정된 1920년대 전이라고 나는 『짐 로저스의 스트리트 스마트(*Street Smarts*)』를 비롯해서 여러 매체를 통해 말해왔다.

이렇게 외국인을 배제하고 문호를 닫은 나라는 쇠퇴의 길을 걷게 된다고 역사는 우리에게 끊임없이 말해준다. 외국인은 새로운 활력, 새로운 혈통, 자본, 아이디어, 흥분, 자극을 가져다준다. 그래서 번영하는 나라는 외국인을 필요로 하고 외국인도 그런 나라에 매력을 느낀다. 그런데 국내에 문제가 일어나서 불만이 쌓이면 무슨 일이든 외국인 탓으로 돌리다 결국에는 추방해버린다. 외국인을 추방하는 것이 더 문제가 되는데도 말이다.

허울뿐인 일본의 호경기

"이 나라를 좀먹는 중병이란"

경제학자는 거의가 틀렸다

현재 일본은 약 1,100조 엔, GDP 대비 약 두 배라는 엄청난 빚을
지고 있다. 그럼에도 아베 정권은 필요도 없는 도로 정비와 다리
시공에 돈을 쏟아붓고 있다. 어디 그뿐인가? 증세까지 해서 하지
않아도 될 공공사업에 자금을 투입하려고 한다. 이렇게 빚을 늘리
고도 태평한 이유는 자기 세대가 돈을 갚지 않아도 된다고 생각하
기 때문일 것이다.

50년 전의 일본은 이렇지 않았다. 저축률도 세계 최고이고 국채
도 거의 제로에 가까웠다(도표 10 참조). 이것이 50년 사이에 완전

도표 10 일본의 '빚과 적자'는 계속 늘고 있다

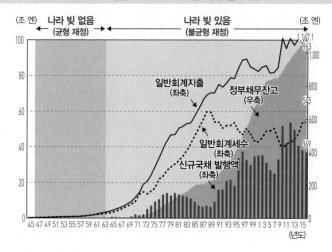

출처: 일본 재무성 「전후 일본의 재정 변천과 앞으로의 과제」

히 변했다.

실제 일본이 사라진다고 해도 당장 10~20년 후의 일은 아니다. 지금 중년인 어른들이 노인이 되었을 때도 노령인구를 지원할 자금 정도는 국고에 남아 있을 것이다. 하지만 그 후 지금 열 살인 아이들이 마흔이 될 무렵에는 이들의 노후를 보장할 돈이 바닥난다.

경제학자 중에는 "인플레이션이 발생하면 빚이 줄어들 테니 문제없다"고 말하는 사람도 있다. 이론상으로는 맞는 말이지만 인플레이션이 장기화되어 물가가 오르는 것은 국민에게 좋은 해결책이 아니다.

심한 인플레이션, 특히 하이퍼인플레이션(hyper inflation: 단기간에 수백 퍼센트 이상 물가가 극심하게 상승하는 현상)이 일어난 나라는 대부분 붕괴되었다. 인플레이션으로 빚을 줄일 수는 있지만 그 여파로 많은 사람이 고통을 겪게 된다. 특히 고령자와 청년이 큰 피해를 보게 된다. 일부 부를 축적하는 사람도 있지만 대개는 인플레이션이 진행될수록 고통을 겪게 된다.

물론 완만한 인플레이션은 문제 해결에 도움을 줄 수 있다. 하지만 완만하게 발생한다는 건 누구나 인플레이션에 맞춰 조정 방법을 배울 수 있다는 뜻이기도 하다. 그래서는 경제가 역동적으로 발전한다고 말할 수 없다.

역사를 거슬러 올라가면 인플레이션으로 갑자기 경기가 살아나는 나라는 없다. 국민이 열심히 일하고 저축률과 투자율을 높여서 돈을 벌어들여야 경제가 발전하는 것이다. 경제가 활발한 나라에서는 그곳이 어디든 간에 인플레이션에 의존하지 않는다.

그런 의미에서 인플레이션은 빚을 줄이는 방법이 될지는 모르지만 빚 문제를 해결하는 데 좋은 방법은 아니다. 아니, 최악의 방법이라고 할 수 있다. "인플레이션이 일어나면 빚이 줄어들 테니 문제없다"고 말하는 경제학자는 틀렸다. 딱히 꼬투리 잡으려는 건 아니다. 경제학자는 어차피 거의 다 틀렸으니까.

허울뿐인 호경기에 속지 마라 – '돈의 흐름으로 본 역사'에서 배울 점

아베노믹스(Abenomics: 20년 가까이 이어져 온 디플레이션에서 벗어나려는 아베 신조安倍晋三 일본 총리의 경기부양책)에 의한 금융완화로 확실히 최근 경기는 좋아졌다. 2017년 11월, 일본의 실질 GDP는 11년 만에 7분기 연속 플러스성장을 기록했다. 노동력 부족으로 임금이 상승세로 돌아서며 2퍼센트 물가 상승이라는 일본은행의 인플레이션 목표에는 이르지 못했지만 디플레이션은 피했다. 주가도 요 몇 년 사이 세 배나 올랐다.

하지만 이는 겉보기에만 그럴싸한 호경기에 불과하다. 지금 일본 주가가 오르는 이유는 일본은행이 지폐를 마구 찍어내고 그 돈으로 일본 주식과 국채를 마구 사들이고 있기 때문이다. 지폐를 계속 찍어내면 그 돈이 어딘가로 흘러들어가지 않으면 안 된다. 가령 토지나 금시장으로 흘러가는데, 역사적으로 보면 대개 그 돈은 주식시장으로 흘러들어간다.

1970년대의 미국에서도 자금 흐름은 비슷한 동향을 보였다. 대부분의 돈이 주식과 금시장으로 흘러들어갔고 일부는 석유시장에도 흘러들어갔다. 1980년대 영국에서는 주식시장이었다. 제1차 세계대전 후 독일에서도 심한 인플레이션이 일어나 통화가 폭락하고 주가가 천정부지로 치솟았다. 인플레이션이 심해지면 인간은 뭔가를 소유하고 싶어진다. 지폐보다 실체가 있는 것, 가령 테이블이라든지.

단, 대부분 돈의 안전한 피난처는 주식이 된다. 부동산도 좋다. 인플레이션이 일어난 후 독일에서 막대한 부를 쌓은 사람은 현금을 많이 가지고 있던 사람이 아니라 주식과 부동산에 투자한 사람이었다.

언젠가 '아베가 일본을 망쳤다'는 걸 깨닫는 날이 온다

현재의 일본 상태는 '돈을 찍어내면 주가가 오른다'는 시장원리에 충실할 뿐이다. 금융완화가 계속되는 한, 호경기도 계속되겠지만 이는 근본적인 해결책이 되지는 못한다. 앞에서 나온 미국, 영국, 독일의 예를 보면 알 수 있다. 그러니 지폐를 마구 찍어내봤자 소용없다. 아베노믹스는 성공하지 못할 것이다. 지금의 정책은 일본과 일본 아이들의 장래만 엉망진창으로 만들 뿐이다. 그리고 언젠가 "아베가 일본을 망쳤다"고 깨달을 날이 반드시 올 것이다.

아이러니하게도 이러한 상황이 나 같은 투자가에게는 최고의 상태라고 할 수 있다. 주가가 오르니 투자가와 주식 중개인에게는 아주 유리한 상황이다. 2012년, 아베가 내각 총리대신으로 거의 확실시된 단계에서 나는 곧바로 일본의 주식을 추가 매수했다. 아베가 "돈을 더 찍을 것이다"라고 분명하게 말했기 때문이다.

일본의 기업은 과도하게 보호를 받는 경향이 있다. 나라에서 돈을 많이 찍어내면 기업의 이익이 늘어나고 주가가 오르기 때문이다. 그래서 일본은행이 금리를 올리기로 정하면 우려도 커지겠지만 그렇다고 해서 일본 주식의 매수를 중단할지 말지 성급하게 결정해서는 안 된다. 당장에 행동하지 말고 한동안 상태를 보면서 결정해야 한다.

위기야말로 투자의 기회다

내가 마지막으로 일본 주식을 뭉치로 산 것은 동일본 대지진 (2011년 3월 11일 발생한, 일본 관측 사상 최대인 리히터 규모 9.0의 지진 – 옮긴이)이 일어난 전후의 일이다. 지진이 일어나기 전, 일본 주식 가격이 매우 낮다고 보고 사기 시작했다. 그 후 지진이 일어나자 일본 주식은 믿기지 않을 정도로 하락했다. 1989년 말 최고치였던 3만 8,957엔보다 80퍼센트나 떨어진 가격이었다. 그래서 이 시기에 상장지수펀드(ETF, Exchange Traded Fund)를 포함해서 일본 주식을 대량으로 구입했다. 농업과 관련된 주식도 많이 사들였다.

이렇게 투자한 이유는 일본이 지진의 피해를 털고 반드시 일어서리라 믿었기 때문이다. 일본 국민은 교육 수준이 높고 근면하고 똑똑하다. 내 눈에 일본인은 다시 일어서기 위해 무엇을 해야 하는지 알고 있는 듯이 보였다.

위기가 발생한 순간이야말로 투자가가 기민하게 행동할 때다. 재해를 입은 모습을 보거나 보도를 접하면 대부분의 사람은 "너무 끔찍해" "무서워"라고 느끼고 거기서 사고가 멈춘다. 비즈니스의 기회가 있다는 데까지는 생각이 미치지 못하는 것이다.

재해를 당한 사람들은 누군가가 도우러 오기를 바란다. 누군가가 와서 투자해주기를 바라는 것이다. 그리고 이것은 피해자와 투자가, 서로에게 이득이 된다.

가령, 내가 지금 주목하는 나라는 베네수엘라와 짐바브웨다. 남미 베네수엘라는 2018년 8월에 28년 만에 대규모 지진을 경험했다. 짐바브웨에서는 38년간 계속된 무가베(Robert Gabriel Mugabe) 대통령의 독재정권이 붕괴되고 음낭가과(Emmerson Mnangagwa)라는 새 대통령이 탄생했다. 하지만 새로운 지도자는 전보다 더 심할지도 모른다는 의견도 있고 실제로 반(反) 음낭가과를 외치는 데모도 일어나고 있다. 어쨌거나 나라는 혼란에 빠져 있지만 이 기간이 좋은 투자의 기회가 될지도 모른다. 적어도 변화는 있을 것이다. 투자가는 이렇게 생각한다.

다시 일본에 대한 이야기로 돌아가보자. 일본의 주가가 올랐다고 해도 아직 2만 2,000엔대 정도다(2018년 12월 현재). 최고치였던 1989년 말보다 40퍼센트나 낮다(도표 11 참조).

당연히 주가가 떨어질 때 사는 편이 최고치에 있을 때 사는 것

일본 주식　최고치였던 거품기 가격의 60퍼센트

중국 주식　최고치의 절반을 밑돈다

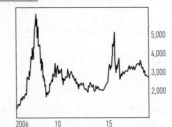

러시아 주식　최고치에서 절반으로 줄어든 상태

(추이는 월 단위)
출처: 「닛케이머니」 2018년 10월호

보다 이득이다. 나는 전부터 "전 세계 시장이 폭락해도 일본 주식과 중국 주식, 러시아 주식은 보유할 것이다. 이 세 주식은 경기둔화의 영향을 적게 받으니까"라고 술회했다. 미국은 지금 주가가 최고치라서 사지 않고 일본은 주식을 사기에 최적이라기보다는 아직은 '더 나은' 나라다. '나쁘지 않다'고 말해도 좋으리라. 앞으로 주가가 떨어지면 더 살지도 모른다.

중국과 러시아 주식도 다른 주식과 비교하면 '나쁘지 않다'고 말할 수 있다. 일본 주식과 마찬가지로 최고치에서 상당히 떨어졌기 때문이다. 이 두 주식에 대해서는 뒷장에서 자세히 설명하겠다.

이민자를 받아들이는 나라는 번영하고
거부하는 나라는 망한다

"사회에 미치는 영향을 어떻게 컨트롤할지 생각하라"

이민자를 받아들이느냐, 가난해지느냐

이따금 일본의 인터뷰 진행자가 "장기적인 관점에서 아베노믹스에 대한 평가를 부탁한다"고 질문해올 때가 있다. 그러면 나는 "이 대로 가면 일본에 장기적인 전망은 없다"고 대답한다. 인구가 이렇게까지 감소하는데도 아이를 낳으려고 하지 않기 때문이다. 일본 정부는 때때로 아이를 낳으면 인센티브를 주는 정책을 실시했으나 한번도 성공하지 못했다. 게다가 노동력 부족으로 임금이 오르고 노인이 늘면서 사회보장비가 점점 커지고 있다. 일본에 장기적 전망이 없다고 말하는 이유다.

도표 12 인구구성으로 보는 각국의 '기회의 창'

국제연합의 인구분석 전문가는 총인구에서 차지하는 아이(0~14세)의 비율이 30% 이하, 고령자(65세 이상)의 비율이 15% 이하일 때, 경제가 비약적으로 성장하는 '기회의 창'이 열린다고 보았다. 일본은 1995년에 창이 닫혔다. 미국도 2015년에 창이 닫혔다. 중국도 2025년으로 의외로 빨리 닫히게 된다.

국가	2010년의 중심 연령	2030년의 중심 연령	'기회의 창'이 열린 시기
브라질	29세	35세	2000~2030년
인도	26세	32세	2015~2050년
중국	35세	43세	1990~2025년
러시아	39세	44세	1950~2015년
이란	26세	37세	2005~2040년
일본	45세	52세	1965~1995년
한국	38세	48세	1985~2020년
독일	44세	49세	1950 이전~1990년
영국	40세	42세	1950 이전~1980년
미국	37세	39세	1970~2015년

출처: 『2030년 세계는 이렇게 변한다(*Global Trends 2030*)』, 미국 국가정보회의, 25쪽
* 한국 통계는 국제연합이 2015년 발표한 『세계 인구 추계(World Population Prospects)』 참조

참고로 한국도 저출산 문제를 안고 있지만 한반도가 통일되면 상황은 호전될 것이다. 많은 여성이 북한에서 남한으로 유입되고 값싼 노동력도 들어오기 때문이다. 그리고 언젠가 일본을 뛰어넘을 것이다.

저출산 문제에 대항하려면 이민자를 받아들이지 않으면 안 된다. 하지만 일본인은 외국인을 싫어해서 이민자를 받아들이는 데 적극적이지 않다. 2018년 국제연합에서는 일본에 재일외국인에 대한 직업차별, 입주차별, 교육차별 등이 있으니 시정하라고 권고했다. 이대로라면 일본의 생활수준은 낮아질 것이다. 하지만 내가 보기에 일본인은 외국인을 받아들이느니 생활수준이 낮아지는 쪽을 택하려는 듯하다.

이민자 받으면 범죄가 늘어날까?

'이민자를 받으면 사회가 불안정해진다'는 의견도 심심치 않게 나온다. 지금 미국에서도 그런 말들이 나온다. 하지만 실제로 뚜껑을 열어보면 외국인 범죄자보다 미국인 범죄자가 더 많다. 미국에 들어오는 외국인 중에는 물론 범죄자도 있다. 다만 일단 범죄 사실이

밝혀졌을 때, 사람들은 "범인을 봐라, 그는 외국인이야"라고는 말해도 "범인은 미국인이야"라고는 하지 않는다. 외국인이 죄를 저질렀을 때만 유독 '외국인'이라고 강조하니 외국인은 모두 범죄자라는 선입관을 갖게 되는 것이다. 실제로 범죄자는 어느 민족에나 일정하게 있는데도.

사실, 이민을 선택한 사람은 대부분 용기가 있는 사람이다. 친척이나 친구에게 둘러싸여 모국어가 통하는 마음 편한 자기 나라를 떠나 아는 사람이 하나도 없는, 말도 통하지 않는 나라로 건너가는 것은 결코 쉬운 일이 아니다. 용기가 없으면, 미치지 않으면 할 수 없는 일이다.

나라면 그런 용기가 있는 사람이 내 나라에 왔으면 좋겠다. 자기 나라를 평생 떠나고 싶지 않은 사람이라면 쭉 그곳에서 살면 되고 내 나라에 올 사람은 뭔가 새로운 일을 해보려는 모험심이 왕성한 사람이었으면 좋겠다.

이민자는 처음에는 다른 문화를 들여오지만 결국에는 이민 온 나라에 동화되는 것이 보편적이다. 시간이 걸리는 경우도 있지만 특히 이민자의 자식들은 백이면 백 동화된다. 일본에서도 그렇다. 재일한국인은 완벽한 일본어를 구사하고 일본 이름을 가진 사람도 있다. 학교도 일본인 학교로 진학하는 사람이 많다.

EU의 전철을 밟지 않기 위해

유럽연합(EU) 등에서는 이민자를 배척하는 움직임이 일어나고 있다. 이민자를 너무 빨리, 많이 받은 것이 요인인지도 모른다.

EU에도 이민자가 필요하다. 가령 독일은 인구동태로 봐도 큰 문제를 안고 있다. 즉, 일본처럼 저출산 고령화가 진행되고 있어서 메르켈(Angela Merkel) 독일 총리는 "이민이 필요하다"고 단호하게 말한다. 기업에서 일할 노동자도 부족하다. 그 부족분을 메우려면 출산율을 올리거나 이민자를 받아들이는 수밖에 없다. 하지만 설령 출산율이 오른다 해도 갓난아기가 어른이 될 때까지는 시간이 걸린다. 그렇다면 이민자를 받는 것이 가장 빠른 방법이다.

2015년, 메르켈 총리는 중동과 아프리카대륙에서 온 난민에게 우선적으로 문을 열었다. 그 결과 독일이 받아들인 이민자 수는 100만 명이 넘는다고 한다. 이는 독일 국민의 약 1.2퍼센트로 다른 유럽 나라들과 비교해도 월등히 높은 수치다. 국민 100명 중 한 명이 갑자기 외국인이 된 것이다. 상황이 이러하니 외국인에 대한 국민의 반감이 조금도 이상하지 않다.

내가 보금자리를 마련한 싱가포르도 단기간에 너무 많은 이민자를 받았다. 그래서 이제는 더 이상 이민자를 받지 않는다.

2013년에 발표된 「인구백서」에는 '외국인 노동자 수를 삭감한다' '영주권 보유자는 50만 명 정도를 유지한다'는 내용이 포함되어 있다. 하지만 앞으로 싱가포르에는 고령자만 남아서 정부가 그들에게 사회보장비용으로 많은 돈을 지불해야 한다. 이는 장차 큰 문제가 될 것이다.

이런 예를 보면 무턱대고 이민자를 받아서는 안 된다고 말할 수 있다. 단기간에 너무 많은 이민자를 받아들이지 않게 컨트롤해야 한다. 좋든 싫든 일본에는 이민자가 필요하다. 그러니 잘 조절하면서 서서히 이민자를 늘리는 수밖에 없다.

나라의 문을 닫고 성공한 예를 나는 본 적이 없다. 한 군데도 없다고 단언할 수 있다. 외국인에게 우호적이 되라. 일본에는 외국인이 더 필요하다. 나는 일본인이 아니라서 그들에게 이렇게 살라, 저렇게 살라고 말할 자격은 없다. 그래도 한마디하자면 내가 지금 일본에 사는 열 살짜리 아이라면 당장이라도 일본을 떠날 거라는 사실이다.

일본에 투자할 거면 관광, 농업, 교육

"앞으로 성장할 일본의 산업과 그 이유"

일본을 찾는 외국인을 상대로 한 관광업에는
여전히 성장가능성이 있다

앞으로 일본에서 투자해야 할 산업은 무엇일까? 일본 산업계는 어디에서 활로를 찾아야 할까?

나는 관광업을 제일 먼저 꼽고 싶다. 개인적으로는 일본의 관광업, 즉 관광, 호텔이나 고택에 투자하고 싶다.

일본은 멋진 나라이고 명소도 참 많다. 나중에 설명하겠지만 일본인은 뭘 하든 허투루 하는 법이 없다. 그 점이 많은 사람을 매료시킨다. 인접 국가들, 특히 중국인에게는 매력적인 관광지다.

중국인은 몇백 년 동안 자유롭게 여행하지 못했다. 최근만 보더라도 공산당이 국민이 바깥으로 나가지 못하게 여권 발행을 제한하고 국외로 돈이 새어나가지 못하게 통화 반출을 금지했다. 그런데 지금은 여권 발행도 쉬워지고 통화 반출도 한결 수월해지면서 여행이 한 발 더 가까워졌다. 중국의 인구는 약 14억 명. 일본의 약 11배다. 그렇게 많은 사람이 나라 밖으로 나오려고 한다. 중국 여행업에는 엄청난 가능성이 잠재되어 있다. 그리고 일본은 중국과 가까워서 여행지로 제일 먼저 꼽힐 것이다. 어디 중국뿐인가? 약 9,300만의 인구를 보유한 베트남에서도 많은 사람들이 일본에 가고 싶어한다.

2020년 도쿄 올림픽이 끝나면 관광업의 인기도 떨어질까 우려하는 사람도 있을 것이다. 아닌 게 아니라 대부분의 나라가 그러하다. 올림픽이 열리는 시기에 가까워질수록 관광객이 늘어났다가 끝나면 확 줄어든다. 하지만 일본의 경우는 그렇게 줄지 않을 것이다. 일본의 경제 규모가 크기 때문이다.

일본은 여태까지 스스로 문을 걸어 잠갔다. 그래서인지 20년 전, 아니, 10년 전만 해도 일본은 수많은 여행객들의 여행후보지에 들어가지 못했다. 물가가 비싸서 외국인들이 꺼렸기 때문이다. 외국인이 일본을 방문해도 기꺼이 나서서 도움을 주는 사람이 드물어

보였고 외국의 신용카드도 쓸 수가 없었다. 지금도 외국의 신용카드는 쓸 수 있는 곳이 한정되어 있다.

그래도 상황은 달라지고 있다. 내 신용카드가 통하는 곳도 생겼으니 말이다. 일본의 관광업의 장래는 밝다고 말할 수 있다. 값싼 외국인 노동력에도 의존하지 않으며 고택 등 외국인을 매료시킬 만한 곳이 여전히 많이 있기 때문이다.

농업분야는 가능성이 무한하다

또 하나 투자하고 싶은 산업이 있다. 농업이다. 농업에는 지역을 불문하고 세계 각지에서 밝은 미래가 열리고 있다. 일본은 특히 더하다고 말할 수 있다.

지금 일본에는 농사를 지으려는 사람이 없다. 일본 농업 종사자의 평균 연령은 약 66세로 대다수가 고령자다. 그래서 농사를 짓겠다는 사람만 찾으면 일본의 농업에 밝은 미래가 기다리고 있다. 경쟁이 없는 업계이기 때문이다. 지금, 당신이 열 살짜리 아이라면 농부가 되겠다는 생각도 나쁘지 않다.

아니면 이민자를 받는 것도 좋으리라. 일본이 일단 이민자를 받겠다고 표명하면 많은 사람들이 일본으로 이주하여 농사를 지을 것이다. 어릴 때부터 책상에 앉아 교육을 받아온 일본인은 몸을 쓰면서 농사를 지으려고 하지 않는다. 하지만 이민자라면 기꺼이 농촌에서도 일할 것이다. 낮은 임금으로 일할 외국인을 일본에 들여올 수만 있다면 일본의 농업은 크게 성장할 것이다.

일본 농업의 문제는 정부의 지나친 보호를 받는다는 점이다. 정치가가 농민에게 표를 받으려고 보호주의를 채택하고 있기 때문이다. 과거에 일본의 쌀 가격은 세계시장의 5~6배에 달했다. 그러다 보니 너무 비싸서 다른 나라에 수출할 수가 없었다.

과거에 나는 일본 교수와 어느 대학에서 토론을 한 적이 있다. 그 자리에서 나는 일본의 쌀 가격이 세계의 6배로 지나치게 비싸서 일본인조차 마음껏 살 수가 없다고 지적했다. 그러자 토론 상대인 교수는 "우리 일본인은 외국산 쌀을 먹지 못한다"고 딱 잘라 말했다. 이어서 "몇 세기나 국산 쌀을 먹어서 우리 소화기관은 외국산 쌀을 소화시키지 못한다. 만약에 먹으면 하수도가 파괴되고 중국의 하수파이프로 교체하지 않으면 안 될 것이다"라고도 말했다. 처음에는 농담인 줄 알았는데 아무래도 진심이었던 모양이다.

미국에 사는 일본계 미국인은 캘리포니아산 쌀을 먹는다. 만약에 그 일본 교수의 말이 진실이라면 미국의 하수설비는 진작에 다 파괴되었을 것이다. 하지만 아무 일도 일어나지 않고 그 자리에 잘 있다.

일본인의 '국산 쌀 신앙'은 도가 좀 지나치다. 대학교수조차 진지한 얼굴로 이런 말을 하니 대다수의 국민이 "일본쌀은 특별해서 비싼 게 당연하다"고 착각하는 게 아닌가?

쌀이든 다른 농산물이든 저임금 노동력을 투입하여 가격을 낮추지 않는 한, 다른 나라와 경쟁할 수가 없다. 브라질이나 미국과 경쟁할 만한 대규모 농산업은 앞으로도 나오지 않을 것이다. 그래도 일본은 저임금 노동력을 받아들이려고 하지 않는다. 이대로 가면 국민 모두가 가난해지고 일본은 100년도 되지 않아 사라질 텐데도.

하지만 상황은 조금씩 개선되고 있다. 2016년 농지법이 개정되며 농업에 대한 진입장벽이 몰라보게 낮아졌다. 또 이런 일도 있다고 들었다. 전직 회사원이 시작한 한 농업법인이 12억 엔이나 되는 연 매출을 올리는 회사로 성장하여 아시아 각국에 진출했다는 소식. 일본 농업의 지각변동의 문이 바야흐로 열리기 시작했다고 말할 수 있다.

일본의 주요 기업은 옛날부터 있던 대기업이 대부분이다. 도요타도 더는 새로운 회사가 아니다. 이들은 이제 중국 기업에 쫓기고 있다. 중국 기업은 도요타를 목표로 더 좋은 자동차를 개발하려고 불철주야 노력하고 있으나 일본 기업은 이미 정점을 찍었다. 이제는 더 올라갈 데가 없을 정도로. 이러한 기업에 투자하면 손해도 크게 보지 않겠지만 이익도 크지 않다.

그래서 내가 관광업, 고택과 농업에 투자하는 것이다. 이런 사업은 아직 위로 올라갈 여지가 충분히 있다.

교육 비즈니스에도 활로가 있다

교육 비즈니스에도 기회가 늘어날지 모른다. 현재 학생이 부족해서 폐교로 내몰리는 학교가 적지 않기 때문이다. 어린아이가 줄면서 학교가 텅 비기 시작했다.

하지만 밖으로 눈을 돌리면 일본에 오려는 외국인 학생이 많다. 이들을 적극적으로 많이 받아들이면 되는 것이다. 이미 외국인을 적극적으로 유치하는 일본 대학도 늘고 있다.

한국과 중국의 청소년들과 대화를 나눠보면 "대학에 가기 힘들다"고 말한다. 대학 수가 적어서 경쟁률이 너무 높다는 것이다. 나는 그런 이들에게 "일본에 가라. 일본 대학이라면 받아줄 것이다"라고 조언한다. 일본에는 '대학전입시대'라는 말이 있을 정도로 대학 수가 남아돈다. 정원을 채우지 못해 학생을 구하는 대학이 많고 그런 대학은 유학생을 두 팔 벌려 환영할 것이다.

외국인을 오게 하려면 세계의 공통어인 영어로 수업을 하지 않으면 안 된다. 다행히 지금은 도쿄대든 어디든 영어로 외국인에게 강의하는 대학이 늘고 있다.

간병산업에도 미래가 있다고 하지만 일본이 다른 나라와 경쟁할 때는 도움이 되지 않을 것이다. 일본 국내에 고령자가 늘어서 이들을 간병하는 산업만 커질 뿐이다. 늘어나는 고령자를 위해 조치를 취해야겠지만 그렇다고 해서 고령자에게 이것저것 강매하는 비즈니스는 바람직하지 않다.

일본이 부흥하는 길

"일본인이 가진 세 가지 강점과
일본 경제에 대한 세 가지 처방전"

지금까지 현재 일본이 처해 있는 위기에 대해 설명했다. 세상에 완벽한 나라는 없으며 어떤 나라든 실수하기 마련이다. 그리고 실수에서 배우는 나라도 많다. 중국이 그러하다. 중국은 과거에 서너 번 쇠퇴했지만 세계의 정점에도 서너 번 서봤다. 일본도 충분히 재건할 수 있다. 내가 생각하는 일본의 강점은 주로 세 가지다.

일본의 강점 ① 품질에 대한 탐구심

첫 번째는 일본의 최대 강점인 품질(quality)이다. 일본인은 무엇을 하든 세계 최고의 품질을 추구한다. 그 정열은 가히 둘째가라고 하면 서러울 정도로 탁월하다. 독일인과 네덜란드인, 거기에 독일계에 속하는 오스트리아인도 품질에 관해서는 매우 엄격하지만 일본에 필적할 수준은 아니다. 일본만큼 완벽한 품질을 갖추겠다는 '억누르기 힘든 욕망'을 보이는 나라는 또 없을 것이다. 그런 자세야말로 일본을 위대한 나라로 만들었다고 할 수 있다.

제2차 세계대전으로 일본은 그 어떤 나라보다 큰 피해를 입었다. 미국이 부당하게 원자폭탄을 투하했기 때문이다. 개인적으로는 당시 미국의 판단이 틀렸다고 생각한다. 굳이 원폭을 떨어뜨릴 필요는 없었다. 그것도 두 번이나. 어쨌든 어느 나라보다 치명적인 타격을 입었기에 최악의 상황에서 다시 일어서야만 했다. 일본은 그때까지 외국에 나라를 개방하지 않고 고립되어 있었으므로 당시 국민들에게는 상상을 초월하는 사태였을 것이다. 이런 상황에서 세계와 경쟁할 힘을 기르려면 품질을 높이는 수밖에 없었다. 국가의 도움을 받아 가격 경쟁에 나설 수도 있지만 장기적으로 보면 그런 전략은 대부분 실패하고 만다.

일본은 오로지 품질을 추구하여 눈부신 경제성장을 이뤄냈다. 품질 좋은 상품을 만들어야 세계와 경쟁해서 성공을 거둘 수 있다는 사실을 알고 있었기 때문이다. 그리하여 지금 세계에서 가장 우수한 제품은 다 일본에서 만든 것이다.

미국인이 놀란 일본 제품의 품질

이런 에피소드가 있다. 1950년대, 세계 최대의 알루미늄 회사인 미국의 알코아(ALCOA)에서는 한 알루미늄 롤이 종업원들을 놀라게 했다. 그 회사의 CEO가 어딘가에서 갖고 온 큼직한 롤이 너무 고품질이었기 때문이다. 종업원들도 임원들도 다들 "이건 사상 최고의 품질을 달성하기 위해 특별 프로젝트를 조직해서 만든 롤일 거야"라고 수군거렸다. 하지만 CEO의 대답은 이랬다. "이건 일본에서는 보통 수준에 불과한 알루미늄 롤이야. 이런 걸 일본에서는 매시간, 매일, 매주 당연한 듯이 만들어낸다고." 미국의 종업원들이 생각하는 '사상 최고 품질'은 일본인에겐 '보통'이었던 것이다. 그 CEO는 미국의 이런 안일한 사고야말로 문제라고 강조했다.

1965년 당시 제너럴 모터스(GM)는 미국 최대의 자동차 제조업체였다. 혹은 세계 최대였을지 모른다. 그 GM 이사회에 경영 컨설턴트들이 찾아와서 "곧 일본이 미국에 쳐들어올 것이다"라고 경고했다. 일본의 자동차가 미국에 들어오니 대책을 세워야만 한다는 뜻이었다. 하지만 미국인 임원은 그 말에 콧방귀를 뀌었다. "일본인? 그게 무슨 소리야. 일본인이 와서 대체 뭘 바꾼다는 거야."

그로부터 44년 후, GM은 도산했다. 그들은 일본차의 미국 진출을 더 경계했어야 했다. 이 더할 나위 없이 품질이 높고 가격이 저렴한 차의 미국 진출을. 처음 미국에 진출했을 때 도요타는 실패할 것을 우려하여 자사의 이름을 쓰지 않았다. 그런데 막상 진출하고 보니 실패하기는커녕 세계 최대의 자동차 제조업체로 성장했으며 오히려 미국의 GM이 도산하고 말았다.

혼다가 1950~60년대에 오토바이를 내세우고 미국 시장에 뛰어들었을 때의 일을 나는 생생하게 기억한다. 혼다가 쓰던 광고 문구는 'YOU MEET THE NICEST PEOPLE ON A HONDA', 즉 '혼다의 오토바이에 타면 최고로 선량한 사람들(nicest people)과 만날 수 있다'는 뜻이다. 이 광고 문구에 미국인은 웃음을 참지 못했다. 할리 데이비슨을 타는 치들은 nice 따위 개나 줘버려라, 하는 부류였기 때문이다. 터프함을 자랑했던 이들은 혼다를 비웃었다.

하지만 아시는 바와 같이 할리 데이비슨은 20~30년 후에 도산했고, 혼다는 경기에 힘입어 지금은 세계 최대의 오토바이 제조업체가 되었다.

가격경쟁에 매달려서는 안 된다

어떤 이유에서지 일본인은 고품질과 가격경쟁을 탐구하여 이를 무기로 미국의 산업을 몇 개나 쓰러뜨렸다. 알루미늄, 철강, 오토바이, 자동차 등 온갖 산업을.

지금 일본에서는 품질을 희생하여 생산성을 높이는 편이 낫다고 주장하는 사람도 있다고 한다. 확실히 일본은 노동 인구가 감소하고 있고 나라 빚은 증가하고 있다. 품질을 유지할 체력이 떨어지고 있는 것이다. 과거 미국 제조업체를 압도하던 텔레비전 산업은 이미 한국의 삼성과 중국의 하이얼(Haier)에 완패했다. 나아가 AI 개발도 미국, 중국에 뒤처졌다. 하지만 세계 제일의 품질을 스스로 포기하는 어리석은 짓을 해서는 안 된다.

물론 품질을 희생하고 저가격을 내세워 비즈니스를 할 수는 있다. 하지만 역사적으로 봐도 저가를 유지하며 오래간 회사는 존재하지 않는다. 소비자는 고품질 제품을 원하기 마련이다. 가계가 어려울 때는 저렴한 상품을 찾기도 하지만 그것은 일시적인 현상일 뿐이다.

혼다가 오토바이를 팔려고 미국에 진출했을 때, 구매자들은 부유층만이 아니었다. 혼다의 오토바이는 가격이 저렴한 편이 아니

었는데도—물론 품질에 비하면 적절한 가격이었으나—서민과
빈곤층도 구입했다. 도요타가 미국에 진출했을 때도 마찬가지였
다. 오히려 서민과 빈곤층이 먼저 손을 내밀었다. 당시 부유층은
여전히 GM의 캐딜락을 구입했으나 그 후 알다시피 GM은 도산
했다. 빈곤층이 혼다와 도요타, 소니를 처음 구매한 이유는 다들
품질이 좋다는 것을 알고 있었기 때문이다. 그리하여 차츰 모든 계
층이 사게 되자 도요타와 소니는 가격을 더 인상했다.

　품질을 낮추고 저가격을 내세우는 회사는 결국에는 사라지기
마련이다. 품질상 다른 상품과 구별이 되지 않고, 더 저렴한 상품
이 나오면 가격경쟁에서 밀리기 때문이다.

그 대단했던 대영제국도 가격경쟁에서 패했다

가격경쟁이 최종적으로 파멸로 이어진다는 것은 역사적으로 증명
된 사실이다. 1830년대, 대영제국은 전대미문의 놀랄 만한 경제성
장을 경험했다. 미들랜드(영국 중부지방)의 한 지역에 세계 기계의
절반 이상이 모인 시기가 있었을 정도다. 당시 미들랜드에는 없는
게 없었다.

그로부터 20~30년 후, 영국의 왕좌를 당당하게 빼앗은 것이 미국이다. 미국은 모든 상품을 영국보다 훨씬 저렴한 가격으로 팔았다. 그러자 신발업체도 의료업체도 다들 미국의 북부로 이주하게 되었다.

그 후 미국 남부의 사우스캐롤라이나주에서 우리가 더 싸게 상품을 만들 수 있다고 목소리를 높이자 모든 공장이 북부에서 남부로 이전했다. 그 후 일본으로 옮겨가고 중국으로 이주했다가 지금은 베트남과 캄보디아로 이동하는 참이다.

역사는 늘 이렇게 움직인다. 어딘가에서 싸게 만들면 반드시 그보다 더 싸게 만드는 곳이 나온다. 중국도 베트남도 캄보디아도 모두 같은 경험을 했다.

반면 고급 주얼리 브랜드 까르띠에(cartier)는 1847년에 창업한 이래, 전 세계에서 사업을 펼치고 있다. 1926년 창업한 메르세데스 벤츠도 그렇다. 품질을 낮추지 않으니 비즈니스가 계속되는 것이다. 일본도 세계 제일의 품질에 대한 프라이드를 다시 되찾아야 할 것이다.

일본의 강점 ② 믿음직한 국민성

일본의 두 번째 강점은 국민 전체가 제 기능을 한다는 것이다. 더 구체적으로 말하자면 일본인은 모두가 아주 성실히 일한다.

내가 처음으로 일본을 방문한 것은 1980년대의 일이었다. 1970년대부터 일본에 투자를 했는데 1980년대에 처음으로 방문한 것이다. 그때의 인상을 지금도 기억한다. '일본인은 쉬지 않고 일한다'고.

내가 어떤 요구를 해도 일본인은 반드시 "네"라고 대답한다. "그건 불가능합니다"라고 부정하기 전에 합니다, 할 수 있습니다, 라고 대답한다. 일반적인 기준으로 생각하면 믿기지 않는 일이다. 중국에 처음 방문했을 때는 반대로 어떤 요구를 해도 "노(no). 그건 불가능합니다"라는 대답만 들었다.

만약 당신이 문 닫을 시간에 세관에 갔을 경우, 미국이라면 "오늘은 이미 끝났습니다. 내일 다시 오세요"라고 말할 것이다. 그런데 일본에서는 "들어오세요"라고 말하고 대응해준다. 내 경우, 무료가 아니라 추가요금을 내야 했지만 그래도 미국처럼 쫓겨나지는 않았다. 모든 일에 "네"라고 대응해준다. 모두가 열심히 일하고 제 기능을 발휘한다.

일본의 백화점은 폐점시간이 되어도 "천천히 쇼핑하세요"라고 말해준다. 다른 나라였다면 "폐점시간이 되었습니다. 종업원이 집에 돌아갈 시간입니다"라고 문을 닫았을 것이다. 일에 대한 이런 진지한 자세는 전 세계에서 성공한 기업가가 지닌 기본 소양이다. '실행하고 그리고 성공시킨다'는 자세 말이다.

일본의 강점 ③ 저축률이 높다

일본의 또 하나의 강점은 그들의 높은 저축률이다.

전후, 일본의 임금은 극단적으로 낮았다. 그래서 일본인은 장래를 우려하여 저축을 열심히 했다. 지금도 일본인의 저축률은 매우 높다. 한때 OECD의 통계에 따르면 일본인의 저축률이 낮은 편에 속한다고 해서 화제가 되었으나 그것은 인구의 고령화에 따른 현상이지 현역 세대의 저축 성향이 달라져서가 아니다. 투자하려면 저축이 필요하다는 것이 경제의 기본이다. 실제로 경제의 원칙에 따르면 저축이 곧 투자다. 경제가 성장하기 위해서는 자본이 필요하고 그 자본은 투자로 늘어나는 것이다.

자본주의 개념이 없는 나라에서는 경제가 성장하지 않았다. 금융시장이 없었던 소비에트에서는 경제가 성장하지 못해서 실제로 붕괴되었다. 사회주의도 공산주의도 성공하지 못했다. 러시아와 중국, 베트남에서 보편적 기본소득(universal basic income: 모든 국민에게 생활에 필요한 최소한의 현금을 지급한다는 소득보장의 일종)을 시도했으나 어떤 나라도 성공하지 못했다. 금융시장이 완벽한 시스템이라고 주장하려는 것은 아니지만 돈이 돈을 낳고 국민의 생활수준을 끌어올리는 메커니즘을 만드는 면에서는 자본주의가 훨씬 우수하다. 지금까지 자본주의보다 뛰어난 시스템을 생각해낸 사람은 없었다.

최근 일본에서 자본주의 탓에 빈부격차가 전례 없이 심화되었다는 주장이 제기되었는데 이게 사실일까? 일본의 역사를 쭉 거슬러 올라가면 가령 500년 전만 해도 지금과 비교가 되지 않을 정도로 빈부격차가 심했다. 일본만이 아니라 전 세계 모든 나라가 그러했다. 가난한 사람은 아무것도 갖지 못한 반면 부자는 모든 것을 독차지했다. 장기적인 관점에서 보자면 격차는 오히려 좁혀지고 있다고 할 수 있다. 현재의 일본에서는 대부분의 사람이 적게나마 저금을 가지고 있으니 말이다.

일본인의 저축률은 아마 세계 최고일 것이다. 전후 일본에서는 이 저축을 투자에 쏟아부어서 성공했다. 개인이 맡긴 돈을 은행이 차례차례 기업설비에 투자했고 당시에는 투자효율도 높았다. 전후 약 15년 사이 일본의 총고정자본형성 비율은 서구 주요 나라의 어디보다 높다(총고정자본형성gross fixed capital formation이란 생산 주체가 수익의 원천이 되는 고정자산을 취득하는 것을 말한다 – 옮긴이). 나아가 각국의 거의 두 배에 달하는 고도성장을 실현하여 세계에서 가장 성공한 나라가 되었다(도표 13 참조). 이는 놀랄 만한 위업이다.

안타깝게도 현재 일본에서는 미국과 영국에 비하면 그렇게까지 적극적으로 투자가 이루어지지 않고 있다(도표 14, 15 참조). 일본 정부는 어찌 된 일인지 돈을 모아서 투자를 하려는 사람들에게 손해를 끼치는 정책을 연달아 내놓고 있다. 그 결과, 많은 일본인이 더 나은 보상을 얻을 수 있는 나라로 돈을 옮겨가버렸다. 일본에 투자해봤자 아무런 이익도 얻을 수 없기 때문이다. 일본 정부가 어리석은 정책만 내놓은 탓에 저축과 투자에 힘쓰는 부유층에게서 버림받는 것이다. 즉, 일본 스스로 자국의 경제를 파괴하고 있는 꼴이다. 세계의 자산이 서구 유럽에서 아시아로 이동하는 지금 일본만 아시아 안에서 홀로 뒤처지는 듯하다.

도표 13 높은 투자에 높은 투자효율이 시너지 효과를 일으키고 일본은 고도성장을 이뤘다

	실질 GNP 성장률(%)		총고정자본형성비율(%)	
	1964~68년	1969~73년	1964~68년	1969~73년
일본(회계연도)	10.2	9.1	30.0	36.5
캐나다	5.8	4.8	22.6	21.4
미국	5.2	3.0	16.9	17.1
호주	5.5	4.3	26.9	26.3
오스트리아	4.3	6.6	27.8	29.1
벨기에	4.4	5.5	22.0	20.8
덴마크	4.9	5.3	22.5	23.5
프랑스	5.3	6.1	24.8	26.4
서독	4.3	4.9	25.7	26.3
이탈리아	5.1	3.9	17.8	19.7
네덜란드	5.7	5.4	25.4	24.9
영국	3.1	1.9	19.0	19.6

(비고) 1. OECD 'National Accounts 1961~1973' 경제기획청 「국민소득통계연보」를 바탕으로 작성
2. (1)은 5년간 복리계산으로 구한 실질 GNP 성장률
   (2)는 각 년의 총고정자본형성비율의 평균
출처: 내각정부제백서, 1975년 경제보고

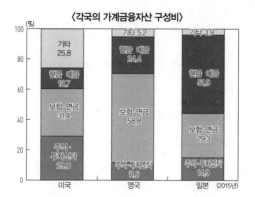

〈각국의 가계금융자산 구성비〉

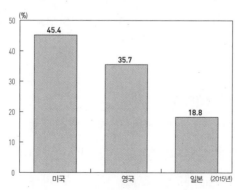

* 연금·보험 등을 통한 간접적인 보유를 포함
도표 14·15 출처: 금융청 「헤이세이 27년도 금융 리포트」

만약 내가 일본의 총리가 된다면

만약 내가 일본의 총리가 된다면 맨 먼저 다음 세 가지 정책을 실시할 것이다. 세출의 대폭 삭감, 무역의 활발화, 이민자 수용이다.

① 사슬 톱으로 세출을 대폭 삭감

2018년 일본의 일반회계 세출(정부가 쓰는 돈의 예산)은 약 98조 엔, 신규국채발행을 제외한 세입이 약 65조 엔이다. 즉, 세입에 비해 세출이 너무 많다. 세출 내역을 자세히 보면 약 34퍼센트가 사회보장, 약 16퍼센트가 지방교부세 교부금, 약 6퍼센트가 공공사업(도표 16 참조)으로 특히 공공사업에 필요 이상으로 돈이 투입되고 있는 모양새다. 나라면 일본의 세출을 도끼로, 아니 사슬 톱으로 과감히 잘라 삭감할 것이다.

② 관세 인하와 국경의 개방

이어서 무역을 활발하게 하고 관세를 내리고 국경을 더 개방하여 자유무역의 흐름을 촉진한다. 일본의 산업은 지나치게 보호받고 있다. 농작물도 제조업 제품도 전부 너무 비싸다. 일본은 전후, 세계 각국과의 무역으로 경제부흥을 이룬 '무역입국'이라서 보호

도표 16 일본 정부에 들어가는 돈, 나오는 돈

일본 정부가 1년에 쓰는 예산(일반회계 세출) (단위: 엔)

- 일반회계
  세출총액
  97조 7,128억
- 국채비
  (채무상환비·이자비 등)
  23.8%
- 사회보장
  33.7%
- 교육 및
  과학진흥·
  방위·기타
  20.4%
- 공공사업
  6.1%
- 지방교부세
  교부금 등
  15.9%
- 기초 재정수지
  대상 경비
  76.2%

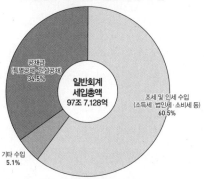

국채발행을 제외하면 세입은 약 65조 엔

- 일반회계
  세입총액
  97조 7,128억
- 공채금
  (특별공채·건설공채)
  34.5%
- 조세 및 인세 수입
  (소득세·법인세·소비세 등)
  60.5%
- 기타 수입
  5.1%

※ '기초 재정수지 대상 경비'란 세출 중 국채비용을 제외한 경비를 가리킨다. 당년도 정책 경비를 가리키는 지표임
※ '일반세출'('기초 재정수지 대상 경비'에서 '지방교부세 교부금 등'을 제외한 것)은 588,958(60.3%)

* 계수에 관하여, 각각이 반올림되므로 끝수가 합계와 합치되지 않을 수 있다. 일반 세출에서는 사회보
  장 관계비의 비율이 56.0%
  출처: 재무성 홈페이지

주의를 고수해봤자 좋을 게 전혀 없다.

③ 이민자 수용(단, 신중하게)

그리고 거듭 말하지만 저출산 고령화의 수렁에 빠진 일본이 사는 길은 이민자를 받아들이는 방법밖에 없다. 단, 받아들일 때는 신중을 기해서 많은 이민자가 한꺼번에 들어오지 않게 조절해야 한다.

앞에서 예를 든 독일과 싱가포르처럼 이민자를 갑자기 받아들이면 그렇지 않아도 외국인에 대한 혐오가 강한 상황에서 국민의 반감을 살 수 있기 때문이다.

한마디 더 덧붙이자면 일본은 엔지니어 육성에 국비를 더 투입해야 한다. 현재 중국은 일본의 15배에 달하는 엔지니어를 배출하고 있는데 이것이 국력의 원천이 되고 있다. 여러분도 바이두(Baidu: 중국 최대 검색엔진 기업), 알리바바(Alibaba: 중국 전자상거래 점유율 80%에 달하는 중국 최대 전자상거래 업체), 텐센트(Tencent: 중국 최대 규모의 IT기업으로 포털 사이트), 화웨이(Huawei: 중국 최대의 네트워크·통신 장비 공급업체)의 4개사 이름을 들어본 적이 있을 것이다. 이들 기업은 우수한 엔지니어가 있어서 크게 성공할 수 있었다.

2008년에 졸업한 전체 대학생에 대한 과학, 기술, 공학, 수학(STEM 분야)을 전공하고
수료한 학생의 비율(%)

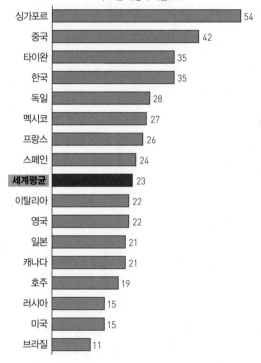

싱가포르	54
중국	42
타이완	35
한국	35
독일	28
멕시코	27
프랑스	26
스페인	24
세계평균	23
이탈리아	22
영국	22
일본	21
캐나다	21
호주	19
러시아	15
미국	15
브라질	11

* STEM 분야의 정의는 물리·화학·생물 등의 과학 분야, 컴퓨터 사이언스, 건축학 및 공학, 수학
 출처: 전미과학기금 작성 「과학·공학지표 2012년판」. 대상으로 선택된 지역, 나라의 대학생이 취득
  한 제1학위 조사·2008년 이후의 최신 데이터. 싱가포르 통계청. 맥킨지 글로벌 인스티튜트 분
  석. 「맥킨지가 예측하는 미래」 285쪽

엔지니어를 육성할 때도 재능과 의욕이 있는 사람에게 확실하게 국비를 투자해야지 안 그러면 나중에 크게 후회할 것이다. 가령, 나처럼 엔지니어가 적성에 맞지 않고 되고자 하는 마음도 없는 사람에게 돈을 써봤자 의미가 없다. 중국에서는 엔지니어가 되면 장래 성공이 보장되는 모양인지 재능이 있는 청년들이 엔지니어를 하기 위해 몰려들고 있다. 그 결과, 재능이 넘치는 엔지니어가 배출되는 선순환이 만들어졌다.

미국에서는 여전히 변호사와 의사를 꿈꾸는 풍조가 강하다. 다들 그쪽이 더 수입이 좋다고 생각하기 때문이다. 그래서 설령 엔지니어가 적성에 맞아도 변호사나 의사가 되기를 희망한다. 그러한 풍조를 바꾸려면 '엔지니어로 성공하면 부자가 된다'고 청년들에게 알려야 한다. 그러려면 교육이 필요하다.

정부가 주도하는 교육은 어떤 의미에서는 '세뇌'인지도 모른다. 미국의 학교에서는 전교생이 성조기에 충성을 맹세하고 국가를 부르며 하루를 시작한다. "이곳은 우리가 있어야 할 장소, 있어야 할 나라이며 미국인으로 살아서 영광스럽다"는 생각이 들도록. 아이들이 초등학교에 입학하자마자 이런 사상을 주입시킨다.

미국사도 세계사도 전부 다 미국식으로 가르친다. 그래서 처음에 중국을 방문했을 때, 솔직히 말해서 내심 겁이 났다. 중국인은 사악하고 악의가 있고 잔인하며 위험한 국민이라고 배웠기 때문이다. 미국의 프로파간다(propaganda: 특정 사상을 주입시키는 선전. 특히 정치적 의도를 가진 선전)가 그렇게 알려줬다. 하지만 실제로 중국에 가서 내 생각이 완전히 틀렸다는 걸 알았다. 이는 미국만의 현상은 아니다. 한국, 일본, 중국 등 어느 나라나 독자적으로 교육을 실시하고 있으며 대부분의 프로파간다가 사실을 왜곡한다.

원래 하던 이야기로 돌아가면 교육에는 이렇게 사람들의 사상을 통제할 힘이 있다. 그렇다면 아이가 어릴 때부터 엔지니어가 전도유망한 직업이라고 가르치지 않으면 안 된다.

만약 내가 지금 마흔의 일본인이라면

이 장의 첫머리에 나는 이렇게 말했다. "만약에 내가 지금 열 살짜리 일본인이라면 AK-47을 구입하든가 이 나라를 떠날 것이다"라고. 하지만 내가 40대 일본인이라면 어떨까? 갑자기 자기가 살던 나라에서 떠나기란 쉽지 않을 것이다.

그래서 농장을 사면 어떨까 생각해봤다. 지금 일본의 농지와 농장 가격은 싸다. 누구도 사려고 하지 않기 때문이다. 그러니 일단 저렴한 농장을 사고 거기에서 일할 인재를 열심히 구해보겠다. 열심히 일할 외국인 노동자를 고용하면 편하겠지만 건강한 은퇴자들을 고용하는 방법도 나쁘지 않다. 요즘 60대는 정년퇴직한 후에도 체력과 두뇌가 쌩쌩하니 그런 사람들에게 일자리를 제공할 수 있을 것이다.

아니면 고택 체인사업을 시작해도 좋다. 나라면 외국인을 직원으로 고용하고 교육사업도 시작하겠다. 그러면 일손을 구하느라 발을 동동 구르지 않아도 된다. 중국, 인도에는 대학이 부족하고 인구가 감소하는 일본에는 대학이 부족하지 않으니 외국에서 학생들을 불러들이기가 어렵지 않기 때문이다. 그 학생들을 채용하는 동시에 일본 대학에서 공부할 수 있게 교육사업을 한다.

그런 사업을 하면 40대라도 일본에서 먹고살 수 있을지 모른다.

그렇다, 앞으로 역풍이 불 일본에서 살아가려면 무슨 일이 있어도 해외와 관련된 일을 해야 한다. 그런 의미에서 지금 당장 일본, 나아가 동아시아를 둘러싼 각국의 정세에 주목했으면 한다.

제3장

중국, 세계의 패권국에 가장 근접한 나라

일찍이 중국의 대두를 '예언'한 짐 로저스는 2007년에 미국을 떠나 싱가포르로 이주했다. '사랑하는 딸들에게 중국어를 가르치기 위해서'다.

미국이 세계의 패권을 쥐던 시대가 끝나고 세계의 중심이 중국으로 이동했다. 그러니 장래성 있는 청년들은 중국어를 배워두면 크게 도움이 될 거라는 게 짐 로저스의 생각이다.

'다음 패권국'인 중국 경제의 강점은 어디에 있을까? 반대로 '차이나 리스크'로 알아두어야 할 요인은 무엇인가? 앞으로 세계를 좌우할 대국의 미래를 예측하는 것은 한국과 일본, 나아가 세계 경제의 행방을 아는 실마리가 될 것이다.

중국은 여전히 폭발적인 성장 가능성이 있다

"장기적 시야에서 보자면 중국의 대두는 계속된다"

예외였던 최근 2세기

앞으로 어디가 세계를 지배하는 나라가 되느냐고 누가 물어보면 나는 주저하지 않고 '중국'이라고 대답할 것이다.

과거 세계를 지배하던 나라는 대영제국, 즉 영국이었다. 인구는 그렇게 많지 않았지만 수많은 식민지를 지배하며 세력을 자랑했던 나라다. 미국도 오랜 기간 인구가 늘지 않았지만 현재는 세계의 중심이 되었다. 일본은 대성공을 거뒀지만 역사상 세계 무대에 오른 적이 거의 없다. 스페인도 긴 세월 세계를 지배했으나 지금은 그 그림자조차 찾아볼 수가 없다. 한국도 가능성은 있지만 아직 거기까지는 힘이 미치지 않는다. 지금, 세계를 지배할 나라에 가장 근접한 국가는 중국이다.

이미 내 책 『불 인 차이나(*A Bull in China*)』에서도 설명했으나, 세계사상 3분의 1의 기간 동안 중국은 쭉 세계의 선두를 달려왔다. 최근 2세기만 예외였던 셈이다.

중국에는 세계의 어느 나라보다 앞서서 많은 발명품을 만들어낸 긴 역사가 있다. 15~16세기의 유럽에 엄청난 사회적 변혁을 가져온 세 가지 발명품인 화약·나침반·활판인쇄를 가리켜 '르네상스의 3대 발명'이라고 하는데, 이 모든 발명품이 중국에서 먼저 탄생한 기술을 손본 것이다.

화약은 9세기 초에 중국에서 발명되어 다양한 화약병기에 응용되었다. 13세기에는 몽골의 서방원정에 화약을 사용했는데 이 경이적인 무기를 보고 이슬람군은 '중국의 눈' '중국의 화살'이라 부르며 두려워했다고 한다. 나침반도 9세기 초엽에 제작되었다. 자석 바늘이 달린 자석 나침반에 관한 가장 오래된 기록은 1040년경으로, 물고기와 거북이 모양을 때운 자석 바늘을 물에 띄워서 남쪽으로 가는 데 사용했다. 세계 최초의 인쇄물은 7세기 중반에 중국에서 제작되었는데 이는 곧 그 무렵에 종이도 발명되었다는 뜻이다. 10세기에는 목제 인쇄기술도 발달했다. 광대한 국가의 구석구석까지 불교를 퍼뜨리기 위한 경문을 대량으로 인쇄하기 위해서였다. 서양인은 정말이지 중국인에게 많은 것을 배웠다.

발명가 기질이 있는 중국에서는 새로운 비즈니스가 차례로 탄생했다. 과거에 '제조업'이라고 하면 일본의 전매특허였으나 지금은 '중국이야말로 제조업의 중심'이라고 할 수 있다.

특히 주목해야 할 것은 '유니콘(Unicorn) 기업'이 많다는 점이다. 유니콘 기업이란 기업평가액이 10억 달러가 넘지만 아직 상장하지 않은 기술계 벤처기업을 가리킨다. 2017년 말 기준으로 세계에는 220개 이상의 유니콘 기업이 존재했다. 그중 약 30퍼센트가 중국 기업, 약 50퍼센트가 미국 기업이다.

이러한 기업군을 배출하는 흐름은 앞으로 점점 가속화될 것이다. 중국은 해마다 미국의 10배, 일본의 약 15배나 되는 엔지니어를 배출한다. 과학·기술·공학·수학 계열의 학부를 졸업하는 학생의 수도 미국의 8배, 일본의 24배로 세계에서도 월등히 많다(도표 18 참조).

실로 경이적인 수치다. 중국에서 나오는 특허도 엄청나게 많아

도표 18 STEM(과학, 기술, 공학, 수학)을 졸업한 학생 수, 나라별 비교

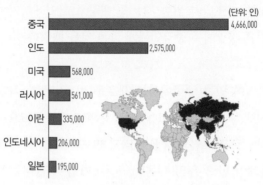

(단위: 인)

중국 4,666,000
인도 2,575,000
미국 568,000
러시아 561,000
이란 335,000
인도네시아 206,000
일본 195,000

출처: 'The Countries With The Most STEM Graduates', 「포브스」 2017년 2월 2일

도표 19 특허 출원수가 많은 나라, 상위 10개국 (2016년)

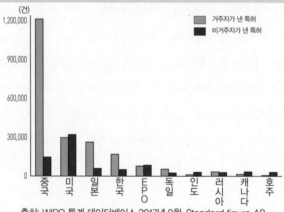

(건)

■ 거주자가 낸 특허
■ 비거주자가 낸 특허

중국 · 미국 · 일본 · 한국 · EPO · 독일 · 인도 · 러시아 · 캐나다 · 호주

출처: WIPO 통계 데이터베이스 2017년 9월, Standard figure A8
* EPO＝유럽특허청(European Patent Office)

서 2위인 미국과 3위인 일본을 크게 앞지르며 타의 추종을 불허한다(도표 19 참조).

'중국인 엔지니어는 우수하지 않다'는 불만을 간혹 듣는데 월등하게 우수한 엔지니어도 많다. 그렇지 않으면 중국의 바이두, 알리바바, 텐센트, 화웨이의 4개사('BATH')가 급성장한 상황을 설명할 수가 없다.

이 4개사는 미국의 4대 IT기업인 'GAFA'(Google, Apple, Facebook, Amazon)를 능가하는 기세로 급성장하고 있다. 2018년 1월 말 시점에서 바이두, 알리바바, 텐센트 3개사의 시가총액은 1조 1,000억 달러를 넘는다(화웨이는 비상장). 텐센트와 알리바바의 매출액은 페이스북과 차이가 거의 없다(도표 20 참조). 지금의 성장속도를 유지하면 2~3년 내에 페이스북을 추월할 가능성도 있다.

중국이 인재배출 대국이 된 이유

우수한 인재를 배출하는 원천의 하나로 교육제도를 꼽을 수 있을 것이다. 아시아의 교육은 미국의 교육보다 속이 훨씬 알차다.

내 두 딸은 싱가포르에서 학교를 다니며 중국어로 교육받고 있

도표 20 중국 BATH와 미국 GAFA 비교(단위: 100만 달러, 시가총액만 억 달러)

기업명	매출	이익	순위	시가총액
구글(알파벳)	90,272	19,478	65	8,168
바이두	10,161	1,675	—	854
애플	215,369	45,687	9	8,517
화웨이	78,510	5,579	83	—
페이스북	27,638	10,217	393	5,454
텐센트	22,870	6,186	478	5,630
아마존	135,987	2,371	26	7,048
알리바바	23,517	6,489	462	5,232

출처: 「포춘 글로벌 500」 2017
* 시가총액은 2018년 1월 말 시점

다. 이를 통해 아시아식 교육이 미국보다 훨씬 발전되어 있다는 걸 알 수 있었다. 아이들에게 요구하는 것이 많고 규율도 엄격하다.

미국에서는—내가 다니던 예일대조차—열심히 공부하는 학생을 '공부벌레'라며 무시하는 일이 잦았다. 아시아에서는 근면함을 미덕으로 칭송하고 경쟁심과 향상심을 부추긴다.

싱가포르에서는 초등학교 졸업시험(PSLE, Primary School Leaving Examination)이라는 전국시험이 있다. 졸업을 앞둔 6학년 학생들이 치는 시험으로 결과 발표 당일에는 시험에 1등한 아이와 그 부모의 사진이 신문의 일면을 장식한다. 이 밖에도 신문에 평소 성적이 우수한 학생을 소개하는 기사가 산처럼 실린다.

아시아인이 지닌 우수성의 원천이 여기에 있다고 느낀다. 때때로 이렇게 공부에 시간을 들여도 되는지, 어른이 된 후에 에너지가 완전히 소진되는 건 아닌지, 걱정이 될 때도 없지 않다. 하지만 두 딸을 보고 있노라면 기우에 불과한 것 같다.

특히 중국에서는 기술을 중시한다. 덩샤오핑이 이렇게까지 중국을 성장시킬 수 있었던 것도 기술을 중용했기 때문이다. 마오쩌둥 이후, 중국을 견인한 리더는 전적으로 기술자들이었다. 후진타오 (胡錦濤: 전 중국공산당 중앙위원회 총서기이자 중화인민공화국의 주석), 원자바오(溫家宝: 중화인민공화국의 정치인으로 제6대 총리), 장쩌민(江澤民: 중국 공산당의 제3대 주석) 모두가 기술자 출신이다.

덧붙여 중국에는 '선상시, 후관제(先賞試, 後管制)'라는 말이 있다. 이것은 리커창(李克强: 2019년 현재 중화인민공화국 국무원 총리) 총리가 내건 방침으로 '먼저 시도하라, 문제가 있으면 나중에 정부가 규제하겠다'는 의미다. 중국은 규제가 심하고 사업 계획이나 기획이 중앙정부의 통제를 받는 것도 사실이다. 하지만 일부 사람들이 중국식 사회주의라 느끼는 것은 전부 국유화된 30년 전의 흔적, 즉 '구경제(old economy)'에 불과하다. 지금은 비국영 민영기업, IT기업과 공유경제(share economy) 등의 '신경제(new economy)'가 중국 경제를 견인하고 있다. 중국에서 최근 사업을 시작한 사람을 만나면 다들 비즈니스하기 편하다고 말한다.

이상과 같이 교육이라는 토양, 그리고 정부의 '먼저 해보자'는 관용의 자세가 있기에 '신경제'가 대두되고 중국 경제가 약진했다고 말할 수 있을 것이다.

바이칼 호숫가에 잠들어 있는 폭발적 성장 가능성

중국의 주변에는 각종 천연자원이 묻혀 있다. 이 또한 중국 경제에는 청신호다. 특히 시베리아는 금과 보리, 석유와 천연가스, 삼림 자원 등 온갖 자원이 있다. 그중에서도 세계에서 가장 깊은 담수호이자 세계에서 여덟 번째로 큰 바이칼 호수가 주목받고 있다. 호수 바닥과 주변에 천연자원이 무수히 매장되어 있기 때문이다.

지금 시베리아와 극동에서는 러시아 민족의 수가 소련이 붕괴했을 때보다 20퍼센트 가까이 감소했다고 한다. 젊고 유능한 사람들이 성공을 꿈꾸며 전부 수도 모스크바로 떠났기 때문이다. 하지만 이 지역에는 커다란 가능성이 잠재되어 있다.

시베리아는 러시아 영토지만 러시아의 식민지가 된 1636년보다 더 이전에는 중국과 몽골의 지배를 받았다. 또한 지리적으로는 중국과 가까워서 이미 중국 기업이 진출해 있다. 이러니 앞으로 시베리아에 점점 더 많은 중국 기업의 손길이 미치지 않을까?

중국에 투자하려면
환경 비즈니스, 인프라, 헬스 산업

"일대일로(一帶一路) 구상은
중국 경제를 크게 규정할 것이다"

환경 비즈니스는 여전히 성장 중에 있다

개인적으로 지금 주목하는 중국 주식은 환경 비즈니스, 철도 등의 인프라 산업, 헬스케어 분야다. 한국, 일본과 마찬가지로 관광업과 농업에도 가능성이 있다.

현재 중국은 환경오염이 심각한 상태다. 인도와 방글라데시에 못지않다. 그래서 중국 정부는 환경오염대책에 막대한 자금을 투입하고 있다. 중국 경제 안에서도 특히나 호조가 예상되는 분야라서 만약 중국에서 환경오염대책과 관련된 비즈니스를 시작하면 크게 성공할 것이다.

환경 비즈니스는 특히 정치가에게 인기가 많다. 국민들에게 좋은 인상을 줄 수 있기 때문이다. "나는 깨끗한 공기를 좋아한다. 그 악덕기업의 에너지를 팔아줄 필요가 없다"고 청중 앞에서 당당하게 말함으로써 자신들의 정당함을 어필할 수 있다. 단, 그런 이유로 미국과 일본에서는 환경 비즈니스의 조성금을 대부분 국민의 세금으로 충당한다. 많은 국민이 그 산업에 자신이 낸 세금이 들어가는지 모른다. 환경과 관련된 산업은 버는 돈보다 들어가는 돈이 더 많은데도. 다행히 중국에서는 아직 정치와 환경 비즈니스 간의 유착은 보이지 않는다. 조성금 없이 제대로 운영되는 경제적이고 경쟁력이 높은 기업을 만들면 아마도 대성공을 거둘 것이다.

지금은 밑바닥에 있는 것처럼 보이는 중국의 농업도 앞으로는 몰라보게 성장할 것이다. 과거의 실패를 인식하고 있는 정부가 농업과 지방을 구제하기 위해 무슨 일이든 할 것이기 때문이다.

이 밖에 중요해 보이는 분야는 역시 관광업이다. 1장에서도 언급했지만 중국인은 몇 세기 동안 자유롭게 여행하지 못했다. 하지만 지금은 여권도 발급이 쉬워지고 자국의 화폐를 외국으로 갖고 나가는 일도 비교적 쉬워졌다. 약 14억 중국인이 국내는 물론 세계로 나가려고 준비 중이다. 그래서 나는 중국 항공회사의 주식을 꽤 많이 샀다. 앞으로 중국의 하늘 여행은 새로운 영역에서 더욱 발전할 것이다.

　1980년대에는 일본도 비슷한 상황이었다. 당시 내가 살던 뉴욕에는 일본인 관광객이 넘쳐났다. 다들 이렇게 많은 일본인이 대관절 어디에서 온 것일까 신기하게 여겼다. 파크 애비뉴에는 다다미 방과 차실을 갖춘 기타노 호텔이라는 일본식 호텔까지 생겼다. 특별한 이유는 없다. 일본인은 성공했고 부자가 됐다. 그리고 이제 세상을 구경하려고 만반의 준비를 하고 찾아온 것이다. 일본은 과거 몇 세기나 외부세계와 단절된 채 살았고 그에 대한 반작용으로 일단 해외에 나오기 시작하자 세계 구석구석을 다니게 되었다고나 할까?

　지금도 일본인은 전 세계로 여행을 다닌다. 일본의 인구는 약 1억 2,600만 명이지만 중국은 약 14억 명이다. 11배나 많은 사람이 국내 및 국외로 나가면 얼마나 큰 영향을 미칠지 가히 상상도 가지 않는다.

일대일로 구상이 가져올 인프라 경기

　중국에는 2013년에 시진핑 국가주석이 제기한 '일대일로(一帶

一路: 신 실크로드 경제권을 형성하고자 하는 중국의 국가전략)'라는 구상이 있다. "정치적·경제적·문화적으로 전 세계와 공동체를 구축하고 세계의 질서를 중국이 주도하는 구조로 탈바꿈한다"는 국가전략이다. 이 '일대일로' 구상으로 중국 경제 가운데 더욱 순풍이 부는 분야가 나올 것이다. 특히나 인프라, 철도사업에 주목하고 있다. 전 세계에서 중국의 철도사업주식은 절대 손해 볼 걱정이 없는 안전한 주식이라고 할 수 있다.

내가 추천하는 투자처는 상품(commodity)이다. 중국에서 투자하는 가장 확실한 방법은 앞으로 중국인이 사지 않으면 안 될 물품 관련 주식을 매입하는 것이다. 중국 국내에 부족한 면화, 니켈, 석유와 앞으로 점점 시장이 커질 환경, 농업, 관광업, 철도 분야처럼.

또 일반 투자가는 대부분 중국어를 모른다. 그런 의미에서도 상품은 가장 적합한 투자처라고 할 수 있다. 다만 중국어를 모르면 투자할 기업의 경영전략을 알 수가 없는데 면화는 중국의 어떤 주식보다 알기 쉽다. 너무 많이 생산되면 팔고, 부족하면 사면 그만이니까.

위안화는 앞으로도 강세일 것이다

2015년 위안화 절하로 중국 주식시장이 폭락하자 차이나 쇼크(China shock)라고 떠들었으나 별일 아니었다.

차이나 쇼크로 위안화가 2퍼센트 하락했는데 사실 2퍼센트 정도는 어느 통화나 수시로 떨어진다. 일단, 그 이전의 주식시장을 보면 2015년 시점에서 주가가 이상하리만치 높아서 2퍼센트가 하락해도 그 이전보다 상종가를 유지하고 있음을 읽을 수 있다(도표 21 참조).

어찌 된 영문인지, 서양 미디어는 중국을 잘 알지도 못하면서 중국 때리기를 아주 좋아한다. '위안화 절하'라고 보도했지만 2퍼센트는 절하도 아니다. 흔히 있는 일이다.

또한 2016년 9월에는 국제통화기금(IMF)이 위안화를 SDR(special drawing rights: 특별인출권) 기축통화에 포함시켰다. 위안화가 미국 달러, 유로, 엔, 영국 파운드에 이어 '다섯 번째 통화'로 인정받은 것이다.

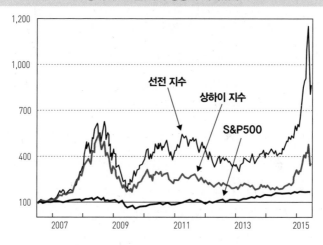

도표 21 2015년 중국의 주가는 이상했지만
장기적으로는 가격 상승이 계속됐다

출처: '중국의 주식시장을 설명하는 3가지 차트(3 charts explaining the Chinese stock market)',
CNBC 2015년 7월 28일

독재체제는 독인가

중국이 공산당 독재체재하에 있어서 경제발전이 어렵다고 말하는 사람도 있다. 그 주장에 대해 두 가지 점에서 반론하고 싶다.

첫째로 역사적으로 보면 독재체제는 경제에 긍정적으로 작용하는 면도 있고 부정적으로 작용하는 면도 있다.

잘 작용한 예가 싱가포르다. 싱가포르는 최근 40년 동안 가장 성공한 나라라고 할 수 있다. 이는 오로지 '싱가포르의 철인'이라고 불리던 초대 총리인 리콴유(李光耀)의 공이다. 천연자원은 물론이고 물조차 충분하지 않은 인구 100만 명의 섬나라가 인구 560만 명 이상을 거느린 세계 경제의 허브로 부상한 것은 그와 같은 견식 있는 '독재자'가 있었기 때문이다.

리콴유는 "국가의 발전에는 민주주의보다 규제가 필요하다"고 거리낌 없이 말해서 국민에게 마냥 평판이 좋은 총리는 아니었다. 하지만 경이적인 성장을 실현시키고 리처드 닉슨(Richard Nixon)과 헨리 키신저(Henry Kissinger), 버락 오바마(Barack Obama)에 이르기까지 수많은 정치가가 그를 만나기 위해 싱가포르를 찾았다.

싱가포르처럼 훌륭한 '독재자'가 있으면 괜찮지만 대부분의 독재자가 리콴유처럼 견식이 있지는 않다. 머리만 좋은 사람이라면 많이 있지만 거의가 사리사욕만 채우다가 끝난다. 콩고를 보라(1965년부터 1997년까지 무려 32년을 집권한 독재자 모부투Mobutu Sese Seko는 콩고를 끝없는 내전으로 몰아넣었다). 대부분의 독재자는 좋은 작용을 하지 않는다. 권력은 부패한다. 이런 말을 하는 사람이 나만은 아닐 것이다.

일본도 일당 시스템 아래에서 성공한 나라 중 하나다. 독재체제에서 과두제(寡頭制: 자산, 군사력, 정치적 영향력 등을 지닌 소수의 사회 구성원들에게 권력이 집중된 정부의 형태)로 이행하여 일당 시스템이 되었는데, 그 편이 국가를 운영하기에 수월하다. 국가 운영은 누구나 할 수 있다. 하지만 그냥 운영하는 것과 잘 운영하는 것은 다른 이야기다. 일본은 과거 50년간 사실상 일당 시스템으로 운영된 나라 중에 가장 성공한 나라라고 할 수 있다.

지금 단계에서는 중국도 성공했다고 말할 수 있다. 중국도 과두정치로 성공한 나라다. 덩샤오핑과 그 후의 지도자들은 아주 머리가 좋고 견식이 넓은 사람들로 중국을 위해 훌륭히 일했다.

이와 반대로 지금의 지도자인 시진핑 국가주석을 비롯한 그 무리들은 어떨까? 그들이 이끄는 중국은 이전보다 더욱 폐쇄적이 되었다. 중국의 현 정부는 전 세계를 돌며 "미국은 폐쇄적이지만 우리는 개방적이다"라고 말하고 있다. 확실히 개방된 면도 있지만 그렇지 않은 면도 적지 않다. 앞으로가 볼거리다. 시진핑 국가주석이 덩샤오핑에 버금갈 정도로 빼어나다면 설령 폐쇄적으로 국정을 운영해도 중국은 별일 없이 성장을 계속할 것이다. 과거 100년간 덩샤오핑만큼 머리가 좋고 견식이 있는 지도자는 거의 없었다. 시진핑은 제2의 덩샤오핑이 될 수 있을까? 10년 후에 다시 생각해 보고 싶다.

두 번째 이유로는 중국에서 '독재자'가 되려면 아주 혹독한 과정을 거쳐야 한다는 것이다. 총서기는 대략적으로 말하면 약 9,000만 명쯤 되는 공산당 당원의 뜻을 모아서 5년에 한 번 열리는 당 대회에서 선출된다. 그래서 후보자는 당 대회가 열리기 몇 년 전부터 자신의 힘을 당원에게 보여주지 않으면 안 된다. 늘 주변의 시선에 노출되면서 밑바닥에서부터 노력을 거듭하며 차근차근 승진하지 않으면 안 되는 것이다. 그러한 노력을 30년에서 40년에 걸쳐 계속한 끝에 정점에 오른 자가 최고책임자, 즉 중국 공산당의 총서기가 된다.

어떤 의미에서 미국의 대통령 선거보다 공평한 제도다. 미국에서는 텔레비전 화면발이 잘 받는 돈 많은 부자가 옷을 잘 차려입고 그럴싸한 연설을 하면 대통령이 되기도 한다.

독재체제가 경제에 반드시 부정적으로 작용하는 것이 아니다. 모든 것은 독재자의 그릇에 달렸다. 그리고 그 독재자는 엄격한 심사를 거쳐 선발된다. 중국 경제에 악영향을 끼치는 것은 독재주의가 아니라 일본과 미국, 유럽 등의 다른 나라다.

차이나 리스크는 어디에 있을까?

"거인의 아킬레스건을 찾아라"

계속 낮아지고 있는 출산율

그러면 중국의 약점은 무엇일까? 바로 낮은 출산율이다.

1979년부터 실시된 '한 자녀 정책'의 영향으로 최근 20년간 출산율이 인구대체수준(replacement level fertility: 인구를 현 수준으로 유지하는 데 필요한 출산율의 수준)을 훨씬 밑돌고 있다(도표 22 참조). 중국은 이미 1960년부터 출산율이 떨어지고 있었는데 '한 자녀 정책'을 도입한 탓에 이 수준까지 떨어진 것이다.

한 자녀 정책이 시작되고 나서 30년 동안 남자아이만 바라는 부모가 늘며 인구의 남녀비율이 불균형해졌다. 그리고 고령자 인구

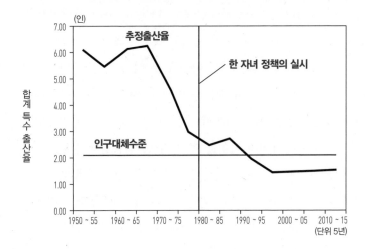

출처: '중국의 저출산 정책 대응, 너무 늦었나?(Policy Response to Low Fertility in China: Too Little, Too Late?)', East−West Center, 2017년 4월

는 예상보다 늘어나는 반면, 노동 인구가 부족해지면서 다양한 문제가 터져 나왔다. 그래서 2014년에는 '단독 두 자녀 정책(부부 중 한쪽이 외동인 경우는 두 자녀 출산을 인정하는 정책)'이 도입되었다. 2년 후에는 그 정책도 폐지되고 아이를 두 명 낳는 것이 합법화되었다. 그래도 중국인, 특히 중류층 가정에서는 아이를 두 명이나 낳기를 바라지 않는다. 도시에서는 한 아이에게 거액의 양육비를 들이는 것이 일반화되어 아이를 여러 명 낳기가 경제적으로 부담스럽기 때문이다. 거기에 정신적 스트레스, 커리어에 대한 영향도 있어서 망설이는 사람이 많다. 한국과 일본 등 대부분의 나라에서 그러하듯이 저출산은 장기적으로 봤을 때, 노동 인구가 감소하고 청년세대에 대한 부담이 증가하는 등 다양한 사회문제를 낳는 원인이 된다.

제2장에서도 말했듯이 일본을 비롯한 아시아 나라들에서는 이민자를 꺼리는 경향이 있다. 한국인과 중국인 가운데 다수가 해외로 이주하지만 아이러니하게도 자국에 오는 이민자들은 잘 받으려 하지 않는다. 이 경향은 장래 인구를 감소시켜서 큰 문제를 일으킬 것이다.

벌어지는 격차

나아가 지방과 도시의 격차가 큰 것도 문제다. 지방과 도시의 사회보장이 다른 면도 양자의 격차가 벌어지는 한 이유라고 한다. 정부도 이러한 사실을 알고 있을 것이다. 최근에 베이징에서 열린 모임에서도 "지난 40년간 도시에 사는 사람들은 성공했지만 시골에 사는 사람은 성공하지 못했다"는 요지의 발언이 나왔다. 그러다보니 지방에 사는 사람이 성공하기 위해 앞다투어 도시로 나가게 되었다.

중국 정부는 지금 지방을 지원하려고 온갖 방법을 동원하고 있다. 중국에는 3조 2,000만 달러라는 세계 순위 1위의 외환보유고(도표 2 참조)가 있어서 재정지출을 늘리는 데는 문제가 없다. 문제는 정말로 필요한 부분에 어떻게 자금을 푸느냐다.

은행은 규모가 작거나 지방에 있는 기업에 돈을 빌려주지 않는다. 기업 쪽에서도 돈을 빌리려고 하지 않는다. 그러니 정부가 먼저 손을 내밀어서 지방의 생활수준을 향상시키고 소비를 자극하는 정책을 펼쳐야 한다.

구체적으로는 전국적으로 창업을 지원하는 '이노베이션센터'를 건립하거나 지방정부에서 재정수입이 아닌 투자 프로젝트를 통해 나온 수익으로 상환하는 채권, 특별목적채권을 여분으로 발행하는 등 온갖 수단을 동원해야 한다. 특별 융자도 해줄 수 있다. 농업종사자라면 지금 대도시 베이징에서 환영받을 것이다.

급격하게 늘어나는 채무는 위험신호

요 몇 년 사이에 꾸준히 늘고 있는 빚은 큰 문제다.

중국의 내외채무 총 규모는 2017년 9월 시점에서 약 255조 위안(약 4경 3,900조 8,000억 원 – 옮긴이)을 웃돈다. GDP 대비로는 342.7퍼센트라는 높은 수치를 기록했다. GDP 대비 채무비율은 2008년 말부터 구제하기 어려울 정도로 상승했으나 300퍼센트를 웃돈 것은 2017년이 처음이었다(도표 23 참조).

서론에서도 말했다시피 어느 나라도 마오쩌둥에게 돈을 빌려주려고 하지 않았으므로 중국은 오래도록 빚이 없었다. 마오쩌둥 이전에도 전쟁과 내란이 있었는데, 그때도 역시 빚은 없었다. 하지만 2008년 말부터 정부가 대규모 경제대책을 발표한 이래, 다들 경쟁하듯 빚을 지기 시작했다. 2008년 말부터 시작된 채무액의 증가는 중국 GDP의 약 100퍼센트에 달하여 미국이 2008년까지 10년 동안에 기록한 규모의 2배를 넘는다. 일본만큼은 아니지만 엄청

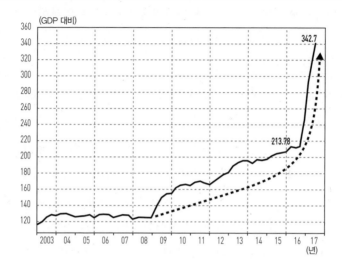

도표 23 중국의 GDP 대비 국채는 10년 만에 약 2.5배로

(GDP 대비)

342.7

213.78

2003 04 05 06 07 08 09 10 11 12 13 14 15 16 17
(년)

출처: '오스트레일리아의 재무상태표 위기 2019(Australia's Balance Sheet Crisis 2019)',
Medium, 2017년 10월 7일

난 기세로 빚이 늘고 있다. 중국은 과거에 이렇게 큰 빚을 진 역사가 없어서 어떻게 처리해야 하는지 방법을 모른다. 일본이나 대부분의 사회는 예나 지금이나 빚을 지고 있어 경험과 지식이 있지만 중국은 그런 노하우가 없다.

국가만이 아닌 기업과 자치단체의 빚도 생각보다 늘고 있다. 언젠가 도산, 파산하는 기업과 도시, 지방이 나올 것이다. 하지만 중국 정부는 파산하는 곳이 나와도 구제하지 않을 거라고 단언했다. 아이러니한 일이다. 그들은 공산주의 국가인데 일본과 미국보다 훨씬 자본주의적이다. 중국은 1978년에 덩샤오핑이 "우리는 뭔가 새로운 것을 시작해야 한다"고 선언한 이후, 계속 자본주의의 길을 걸어왔다. 그리고 40년간 꾸준히 시장을 개방해왔다.

이에 비해 일본이나 미국, 기타 몇몇 자본주의 국가는 은행의 국유화와 기업구제 등 흡사 '사회주의화'된 정책을 내놓았다.

1990년대 초, 일본에서 거품이 꺼졌을 때, 정부는 한 회사도 도산시키지 않으려고 분투했다. 그 결과 이른바 '좀비 기업'과 '좀비 은행'이 탄생했다. 본래라면 무능한 기업과 인재가 도태되고 유능한 인재가 재건에 나서서 새로 건전한 회사를 만들어야 하는데 일본은 거꾸로 했다. 정부가 개입하여 유능한 사람에게 자산을 빼앗아서 무능한 사람에게 주고는 "그 돈으로 유능한 사람과 경쟁하라"고 한 것이다. 머리가 좋고 유능한 사람에게서 빼앗은 이 돈을 낭비하는 좀비 기업과 은행이 일본에는 여전히 만연해 있다. 과도한 보호정책으로 탄생한 '살아 있는 송장'이라고도 할 수 있다.

거품 붕괴 후, 일본이 '잃어버린 10년'을 경험한 원인이 거기에 있다. 그것이 '잃어버린 20년'으로 연장되었고 이제 '잃어버린 30년'에 돌입했다.

그리고 리먼 사태 후 미국에서도 비슷한 일이 벌어졌다. 파산시켜야 하는 기업을 구제해주고 교도소에 가야 할 인간에게 퇴직금을 듬뿍 안겨줬다. 그 결과, 미국은 유사 이래 최대의 채무국으로 전락했다. 이제 미국의 기업은 세계적인 기업에 이길 만한 경쟁력이 없다. 영국도 마찬가지다. 대외채무가 있어도 영국 정부는 기업을 도산시키려고 하지 않는다.

"파산 없는 자본주의는 지옥 없는 기독교"라고 이스턴 항공(1991년에 경영 파탄으로 파산했다)의 CEO였던 프랭크 보먼(Frank Borman)도 말했다. 지옥에 보내야 하는 인간을 방치하면 이 세상이 지옥이 된다.

일본이나 미국과 반대되는 사례도 있다. 스웨덴은 1990년대 초, 미국과 같은 부동산 거품경제 파탄을 경험했으나 정부는 과도한 구제조치를 취하지 않았다. 그래서 2~3년은 비참한 시기를 보냈지만 그 후에는 분위기가 바뀌며 호경기가 찾아왔다. 이제 스웨덴 경제는 건전하기로 세계에서 손꼽힌다. 1994년에는 멕시코에서, 1990년대 말에는 러시아와 아시아에서도 비슷한 일이 벌어졌다. 어느 나라나 최악의 상태를 경험하고 거기에서 빠져나오는 과정에서 충분히 신뢰할 만한 국가로 성장할 수 있었다.

중국도 부디 그렇게 되기를 바란다. 중국 정부의 말이 단순히 위협이 아니라 진심이기를 바란다. 구제조치를 취하지 않으면 나를 포함하여 많은 사람을 두렵게 만들겠지만.

중국 경제에 대한 조언

하지만 지금 중국의 경제는 과도한 보호를 받고 있다. 가령 일본에서 주식을 사고 싶으면 전화 한 통으로 살 수 있다. 독일도 마찬가지다. 하지만 중국에서는 그렇게 할 수가 없다.

중국의 주식을 처음 샀을 때의 일이다. 1988년, 여러 업종이 한데 들어 있는 빌딩 안, 조그맣고 보잘것없는 어지러운 거래 카운터에서 사무원으로부터 주권(株券)을 건네받았다. 졸업 증서처럼 턱

없이 크고 진짜 종이로 된 주권이었다. 그리고 주권이든 수취증이든 무엇이든 간에 잘나신 공무원 나리에게 도장을 받지 않으면 안 되었다. 공무원이 거드름을 피우며 주판을 튕기기에 "지금 주가가 오르고 있으니 빨리 해줘요"라고 재촉했던 기억이 아직도 선하다. 그 무렵과 비교하면 지난 15년간 주식시장은 상당히 개방되었다. 하지만 다른 나라와 비교하면 여전히 갈 길이 멀다.

또한 국내에 많은 돈이 묶여 있는 것도 큰 문제다. 한국이나 일본에서는 금전을 자유롭게 국외로 가지고 나갈 수 있을 것이다. 자기 돈을 어떻게 쓰든 개인의 자유이기 때문이다. 하지만 중국에서는 국외로 돈을 반출하기가 매우 어렵다. 그래서 부동산을 사는 용도 외에는 쓸 수가 없다. 현재, 부동산산업이 거품 상태인 이유는 이러한 연유에서다. 중국 정부는 이러한 과거의 잔재를 한시라도 빨리 해결하지 않으면 안 된다. 지금은 100년 전인 1918년이 아니다. 21세기가 된 지 오래다.

저출산화나 지방과 도시의 격차, 부채라는 과제보다 중국이 먼저 해야 할 일은 이런 폐쇄된 경제일 것이다. 중국 경제는 정부의 통제 아래에 있는 부분이 너무 많다. 애초에 위안화라는 국가 통화 자체도 관리통화다.

세계적으로 보면 언젠가 달러가 아닌 다른 통화가 기축통화가 될 것이다. 관리통화인 위안화가 기축통화가 되려면 더 자유롭게 변동할 수 있어야 한다.

'또 하나의 중화경제권'
타이완과 마카오

"대국에 휘둘리느냐, 독자적인 길을 걷느냐"

타이완은 '합병'될 것인가

언젠가 중국과 타이완이 통일될 날도 올 것이다. 중국에 가면 "타이완은 중국의 일부다"라고 말해야 좋아한다. 타이완에 가서는 "중국이란 나라는 하나밖에 없다, 우리가 그렇다. 우리가 본국을 제어해야 한다"고 말하지만. 어쨌든 양자 모두 '중국과 타이완은 하나의 나라'라는 견해가 일치하니 언젠가는 하나의 나라가 될 것이다.

50년 전, 아니 30년 전만 해도 중국 남동의 해변에 가면 해안선에 가시철선이 설치되어 있고 타이완을 향해 총구가 겨눠져 있었다. 타이완에 가도 중국 방향으로 가시철선과 총이 뻗어 있었다.

물론 지금은 그렇지 않다. 20년 전에는 중국에서 타이완으로 가는 수단이 없었다. 일단 홍콩으로 날아가서 거기에서 타이완으로 날아가지 않으면 안 되었다. 지금은 비행기로도, 배로도 중국과 타이완을 자유롭게 왕래할 수 있다. 중국인이 타이완으로 많이들 간다. 변화는 착실히 일어나고 있다.

최종적으로는 모두가 중국과 타이완의 합병을 받아들이게 될 것이다. 지금 당장은 아니지만 언젠가 그렇게 된다. 최근 30년간의 변화를 보면 그렇게 말할 수 있다.

홍하이의 매수극은 샤프가 V자로 회복한 후에도 왕성하게

타이완의 정밀공업 홍하이(鴻海, 폭스콘Foxconn이라고도 한다)가 2016년 4월에 샤프를 매수하고 실적을 V자로 회복시킨 것이 일본에서 큰 화제가 된 모양이다(도표 24 참조).

이들은 일본만이 아니라 미국과 유럽 기업의 매수에 나서고 있다. 워낙 자금을 넉넉히 보유하고 있고 경험과 지식도 풍부한지라 앞으로 매수의 움직임은 한층 가속화될 것이다.

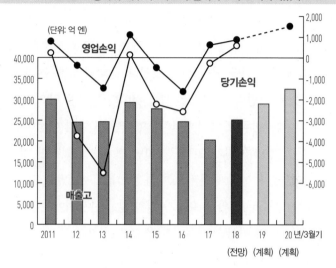

도표 24 홍하이 매수 후 샤프의 실적이 V자로 회복되었다

출처: 「일간공업신문」 2017년 5월 29일

  100년 전에는 미국 기업이 많은 회사를 매수했고 200년 전에는 영국 기업이 그러했다. 이렇게 해서 세계가 돌아갔던 것이다.

  앞으로는 중국계 기업이 그 역할을 담당할 것이다. 내 딸들이 싱가포르에서 중국어를 배우는 이유가 그것이다.

100년 후 마카오의 지위는 하락할 것이다

한때 옛 명성을 되찾은 듯했던 중국의 특별자치구, 마카오의 '카지노 의존경제'는 고전을 면치 못하고 있다. 중국과 다른 지역에 새로이 카지노를 열면 더욱 타격을 입을 것이다. 일본은 앞으로 카지노를 열 것이다. 한국도 이미 몇 군데 있지만 더 늘릴 예정이고 북한에도 생길 것이다. 싱가포르에는 10년 전에는 없었지만 지금은 두 군데나 생겼다. 이렇게 마카오는 경쟁상대가 자꾸만 늘고 있다.

마카오는 농업을 할 만큼 토지가 넓지 않고 관광업에는 이미 힘을 쏟고 있어서 더 이상 개선책이 나올 여지가 없다.

뭔가를 해야 한다면 물가를 내리는 정도일까? 모든 상품과 서비스 가격을 낮추고 관광객을 불러 모아야 한다. 미국에도 카지노가 있는 도시가 늘어났다. 하지만 그 이유는 그곳이 원주민 정착지이거나 외진 시골이다보니 카지노 이외에 생길 만한 비즈니스가 없기 때문이었다. 다른 산업을 시작해봐도 결국 카지노에 의존하게 된다. 마카오도 그런 상황에 처했다.

미국의 라스베이거스는 카지노로 성공한 첫 도시로 여전히 과거의 기세를 유지하고 있다. 하지만 100년 후, 사람들은 "라스베이거스? 마카오? 이름 들어본 적 없는데?"라고 말하게 될 것이다.

이번에 일본에 새로 생기는 카지노는 근방에 보기 드문 명물로서 많은 외국인을 매료시킬 것이다. 일본이라는 나라는 품질로는 세계 제일이라 카지노도 그에 걸맞게 잘 만들리라 믿어 의심치 않는다. 어쩌면 인접한 나라에 있는 카지노가 몇 군데 도산할지도 모른다.

만약에 일본의 카지노가 소규모의 독립된 기업에서 운영된다면 나는 그 주식을 살지도 모른다. 하지만 라스베이거스와 마카오에서 상당수의 카지노를 경영하는 샌즈(Sands)와 같은 대기업의 자회사에서 운영하는 곳이라면 내가 나설 자리는 없을 것이다. 블록체인처럼 대기업의 일개사업에 불과하다면 주식을 살 가치가 없다. 그런 주식은 큰 손해도 보지 않지만 이익도 적기 때문이다.

미중 패권전쟁의 승자는

"중국의 경제기초가 탄탄해도
당분간 미 달러는 상승세가 지속될 것이다"

무역전쟁은 더없이 어리석은 짓

2018년 7월 6일, 미중 양국은 서로 수입품의 관세를 인상했다. 이런 어리석은 조치가 또 있을까? 무역전쟁에 승자는 없다. 어느 나라에나 독이 된다. 무역전쟁을 하는 당사자는 물론 다른 나라까지 고생하게 된다. 무역전쟁을 일으킨 미국과 중국은 물론 한국과 일본까지 그 전쟁에 휘말려서 악영향을 받을 것이다.

트럼프 대통령은 미국이 무역전쟁에 이긴다고 믿는 모양인데 그건 착각이다. 그는 자신이 역사보다 똑똑하다고 생각하는 걸까? 역사를 돌아보면 무역전쟁을 일으켜봤자 긍정적인 효과를 얻지 못한다는 걸 알 수 있는데도.

요즘 금융시장을 보면 바로 알 수 있다. 일본도 중국도 미국도 모든 나라에서 물가가 오르고 있다. 신문을 비롯하여 미디어에는 그렇게 나쁘다고 보도되고 있지 않지만 시장은 거짓말을 하지 않는다. 가짜뉴스에 속아서는 안 된다. 중국의 경제전문가도 "무역전쟁으로 중국 경제는 큰 타격을 입고 있다"고 지적했다. 미국과 중국 사이에 무역협정이 체결되지 않으면 두 나라뿐 아니라 인접한 한국, 일본 등 여러 나라에 막대한 영향을 미칠 것이다.

미국과 중국의 주식시장에는 무역전쟁 외에도 다양한 요소가 크게 관련되어 있다. 지폐 증쇄와 감세 등 많은 일이 동시에 일어난다. 무역전쟁이 일어났다 해도 그것은 이제 막 시작일 뿐이고 시장에 막대한 피해를 끼치는 수준까지는 아직 오지 않았다. 경제위기는 하루 이틀 사이에 일어나지 않는다. 실제 경제에 영향을 미치기까지 오랜 시간이 걸린다.

시장의 하락세는 대개 그렇게 일어난다. 2008년은 리먼 사태로 전 세계가 심한 약세시장이 된 해였다. 2007년 4월, 서브프라임 대부업계 2위였던 뉴센추리 파이낸셜(New Century Financial)이 파산했다. 또한 같은 해 7월 신용평가기관이 주택대부담보증권의 신용도를 단숨에 격하시켰다. 10월에는 세계최대 투자은행인 메릴린

치(Merrill Lynch)의 CEO가 경영악화에 책임을 지고 사임했고 그로부터 반년 후인 2008년 5월, 미국의 거대 투자회사 베어스턴스(The Bear Stearns Companies)가 파산했다. 이에 사람들은 뭔가 이상하다며 조금씩 술렁이기 시작했다. 그리고 4개월 후, 2008년 9월에 그 유명한 리먼 브라더스가 파산하면서 드디어 모두가 깨달았다. "큰일이다! 뭔가 큰 문제가 세계에 일어났다."

위기는 늘 이렇게 일어난다. 아무도 깨닫지 못하는 사이에 미세한 진동이 일어나고 그것이 눈덩이처럼 불어나는 것이다. 그리고 텔레비전에 보도되면 그제야 많은 사람들이 "뭔가 큰일이 일어났다!"고 알게 된다. 역사적으로 보면 어떤 시장이든 아무도 모르게 하락세가 시작되지만 점점 파급력이 커지고 결국에는 많은 나라가 파산한다.

미 달러의 상승세는 계속된다

앞으로 몇 년간 미 달러는 위안화에 비해 상당히 오를 것이다. 위안화만이 아니라 거의 모든 다른 통화와는 반대로 오르게 된다. 사회적 혼란이 일어나는 순간, 인간은 안전한 피난처를 찾기 때문이다. 역사적으로 봐도 세계에서 유일한 '안전한 피난처'는 미국의 달러다. 훨씬 옛날에는 그것이 영국의 파운드였으나 이제는 미 달러가 되었다. 경제가 악화될수록 달러를 매입하려는 사람이 점점 늘어날 것이다.

내 생각에 미 달러를 대체할 만한 통화라면 중국의 위안화밖에 없다. 유로는 붕괴될지도 모른다, 아니 틀림없이 붕괴될 것이고 영국 파운드도 이제는 희망이 없다. 스위스 프랑은 규모가 작고 엔은 아예 생각해볼 가치조차 없다. 그러다보니 미 달러의 대항마가 될 수 있는 통화는 중국의 위안화밖에 없는 셈이다.

미국 재무성은 오랫동안 중국을 '환율조작국'이라며 감시 대상으로 지정해왔다. 중국이 환율을 조작해서 달러 가격이 올랐다고 의심했기 때문이다. 현재 외교문제까지 얽히면서 환율조작국에 들어갔다가 빠지기를 반복하고 있는데 언젠가는 위안화가 미 달러를 능가할 날이 올지도 모른다. 단, 먼저 관리통화에서 탈피해야겠지만. 위안화를 매매할 수 없는 지금으로서는 기축통화가 된다는 것은 그저 꿈이나 다름없다.

미국의 주식시장은 2018년 말 시점에서 사상 최고치를 기록했다. 이에 비해 중국 주식은 최고치를 찍은 2015년에서 60퍼센트나 떨어졌다. 나로서는 최고치인 주식보다 60퍼센트 떨어진 주식이 더 매력 있다. 지금처럼 떨어진 상태여야 앞으로 오를 가능성이 높기 때문이다.

　미국이란 나라는 군사 면에서든 경제 면에서든 지나치게 크고, 지정학적으로도 확대일변도다. 이렇게 되면 이제 남은 거라곤 쇠퇴하는 길뿐이다. 하지만 지금 세계를 봐도 미국을 대신할 수 있는 나라는 없어 보인다. 중국이 가장 근접해 있으나 미국을 대신하여 패권을 잡기에는 아직 이르다.

　영국은 제2차 세계대전 전부터 쇠퇴하기 시작해서 이제 지난날의 모습은 흔적도 찾아볼 수가 없다. 그렇다고 영국이라는 나라가 지도상에서 사라진 것은 아니다. 그와 마찬가지로 미국도 쇠퇴는 하겠지만 사라지지는 않을 것이다.

역사상 세 번째 번영을 누리는 나라는 중국뿐

중국은 폭락을 비롯하여 수많은 경제위기를 잘 극복해왔다. 내가 아는 한 역사상 세 번이나 번영의 정점에 선 나라는 중국밖에 없다. 중국은 동시에 세 번이나 나라가 붕괴되는 경험도 했다. 몇십 년, 아니 몇 세기나 밑바닥을 친 후에 상황이 호전되어 세계의 정점에 올라선 것이다. 정말이지 경이로운 나라다.

중국의 강한 힘은 어디에서 오는 것일까? 먼저, 종교는 아닐 것이다. 중국은 시대에 따라 중심이 되는 종교가 다르기 때문이다.

중국 철학과 뭔가 관계가 있을 것 같다. 중국은 예로부터 교육, 특히 기술에 중점을 둔 나라였다. 유교에서는 특히 교사와 학자를 존중한다.

유교라고 하면 부모를 공경하는 사상이기도 하다. 중국인에게는 부모의 힘이 크게 작용하는 것일까?

아니면 세 번이나 세계의 정점에 섰다는 자부심이 요인일까? 세 번이나 붕괴된 이유를 이해하면 중국의 저력의 원천을 알 수 있을지 모른다. 중국 문화에 적을 두고서 나는 중국의 강한 힘이 어디에서 오는지를 생각한다.

제4장

아시아를 둘러싼 대국들

―미국, 러시아, 인도

———

동아시아 경제의 미래를 논하는 데 있어 피할 수 없는 대국이 있다. 바로 동아시아를 둘러싼 미국, 러시아, 인도다. 짐 로저스는 여기에서도 '투자의 신'답게 날카로운 분석을 내놓았다.

"호조인 미국 경제는 조만간 비극을 맞이한다" "인도는 아직 '진정한 국가'가 아니다" "러시아는 '살 때' 다"—이렇게 예측하는 배경에 무엇이 있을까? 이 장을 다 읽을 때쯤 투자가로서 짐 로저스의 원칙을 엿볼 수 있을 것이다.

미국의 상승세가 막을 내린 후의 세계

"미중 무역전쟁이 가져올 악몽"

이제 미국에서는 일부 메가 IT기업의 주식만 오른다

해외 정세를 말할 때, 미국을 빼놓고 말할 수는 없을 것이다. 미국은 피할 수 없는 나라다. 쇠퇴하고 있다 해도 여전히 세계 제일의 경제 대국이며 달러가 세계의 기축통화로 통용되고 있으니 말이다. 이 상황은 당분간 변하지 않을 것이다.

미국의 주가는 2018년 말에 최고치를 기록했다. 자금조달이 용이하고 트럼프 정권의 감세정책으로 투자에 순풍이 불었기 때문이다. 미국의 주식시장은 아무리 나쁜 뉴스가 흘러나와도 계속 오름세겠지만 지금 일어나는 일은 전부 '노이즈(noise: 잡음이라는 뜻이지만 주식거래에서는 오래된 정보, 허위정보 등 주식거래를 하는 데 정확한 예측을 방해하는 요소를 가리킨다)'에 불과하다. 언젠가 이 노이즈는 깨끗이 사라질 것이다. 시장은 이미 2019년 이후의 동향을 반영하기 시작했다. 2020년의 어느 시점에서 상승 트렌드는 막을 내리고 미국은 비참한 상황에 놓이게 될 것이다.

시장에서 일어나는 일을 노이즈라고 말하는 이유는 지금의 상승 기조가 매우 불균형한 상태이기 때문이다. 미국의 주식시장에서 상승하는 종목은 FAANG(Facebook, Apple, Amazon, Netflix, Google)의 주식뿐이다. 이러한 하이테크 주식이 상승하지 않았더라면 다우공업주 30종 평균(Dow Jones Industrial Average: 미국의 다우존스사가 공업주 30종목을 대상으로 다우식 수정법을 이용하여 산출하고 있는 주가지수. 철도주 20종 평균과 함께 시세의 대세와 중기추세의 방향을 판단하는 데 쓰인다)과 S&P500 지수(Standard & Poor's 500 index: 국제 신용평가기관인 미국의 S&P가 작성한 주가지수로 전체시장의 상승률을 나타내는 기준으로 활용된다), 나스닥 종합주가지수의 주요 주가지수가 사상 최고치를 갱신할 수 없었을 것이다(도표 25 참조). 극히 일부 종목만이 계속 상승하여 주요 주가지수를 끌어올리는 사태는 정상이 아니다. 이러한 상황이 언제까지 지속될 리 없다.

미국은 지금 트럼프 정권의 주도로 보호주의 정책을 펼치고 있

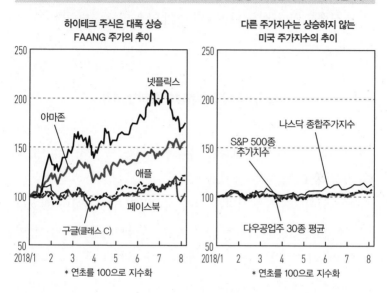

하이테크 주식은 대폭 상승
FAANG 주가의 추이

다른 주가지수는 상승하지 않는
미국 주가지수의 추이

넷플릭스

아마존

애플

페이스북

구글(클래스 C)

나스닥 종합주가지수

S&P 500종
주가지수

다우공업주 30종 평균

* 연초를 100으로 지수화

* 연초를 100으로 지수화

출처: 「닛케이머니」 2018년 10월호

다. 역사상, 보호주의 정책을 표방하며 무역전쟁에 승리한 나라는 단 한 군데도 없다. 어느 나라에나 좋지 않은 영향을 미친다.

1920년대 미국 관세법이 초래한 비극

역사적으로 볼 때, 무역전쟁이 비극을 불러온 예는 수도 없이 많다. 가장 대표적인 예를 들어보겠다.

1929년 미국의 주식시장은 갑작스럽게 경기가 살아나며 호황을 맞이했다. 역사상 최고의 10년이었다고 할 수 있다. 그 무렵, 미국 의회에서 관세법을 통과시키려고 했다. 하지만 이는 호황에 찬물을 끼얹는 행위나 다름없었다. 곧바로 미국의 저명한 경제학자 2,000여 명이 거의 한 사람도 빠짐없이 "관세는 미국 경제에 해악을 끼칠 것이다. 관세법을 철회하라"는 신문광고를 냈다. 하지만 의회는 구구절절 그 필요성을 늘어놓으며 관세법을 통과시켰고 대통령이 서명했다.

그러자 주식시장이 폭락했다. 1930년대가 되자 세계 대공황이 들이닥쳤고 이어서 제2차 세계대전이 발발했다. 그리고 세계 경제는 붕괴되었다. 이 모든 사태가 미국이 1929년에 일으킨 대규모

무역전쟁에서 촉발된 것이다.

그래도 트럼프는 무역전쟁은 올바른 조치라며 반드시 미국이 이길 거라고 생각한다. 무역전쟁을 일으켜봤자 좋은 결과를 얻을 수 없다는 사실을 아무도 그에게 설명해주지 않은 걸까? 아니면 트럼프는 자신이 역사보다 똑똑하다고 생각하는 것일까? 설마 자신은 역사를 컨트롤할 수 있다고? "걱정 마라, 나는 도널드 트럼프다. 나는 무역전쟁에서 승리한다. 무역전쟁은 미국의 장래에도 좋은 영향을 미칠 것이다"라고 말하려는지도 모른다.

트럼프의 정책을 '지지율을 올리기 위한 쇼'라고 평하는 사람도 있다. 어찌 됐든 그의 말과 행동은 전부 틀렸다.

무역전쟁이 상품(commodity)에 가져올 영향

현재 그의 실정 때문에 트럼프 지지자들이 타격을 받고 있다. 미국은 세계 최대의 대두(大豆) 생산국이며 생산량의 57퍼센트가 중국에 수출된다. 미국의 대두 생산자에게 중국은 중요한 고객이다. 하지만 트럼프가 "무역전쟁이다"라고 외치자마자 중국은 미국산 대두의 관세를 25퍼센트 인상하는 동시에 대두의 수입처를 멕시코로 바뀌었다. 그 결과 미국산 대두의 가격은 2018년 4~8월 사이에 22퍼센트나 떨어졌다.

대두를 키우는 것은 농업종사자다. 트럼프 지지자의 대부분이 농업종사자다. 이들은 당연히 뭔가가 이상하다고 느낄 것이다. 갑자기 최대의 고객에게 "당신네 나라 대두는 필요 없습니다"라고 거절당했으니까. 트럼프는 미국 안에서도 적을 만들기 시작했다.

철강도 마찬가지다. 현재 미국산 철강은 가격이 5~10퍼센트 상승했다. 미국에서 가장 오래된 철강업체는 2018년 영업이익이 전년에 비해 세 배나 오를 전망이라고 보고했다. 트럼프가 국내 3만 명의 철강업 노동자를 보호했기 때문이다. 하지만 철강으로 만든 제품인 자동차와 세탁기를 사는 국민은 미국에 3억 명이 넘는다. 결과적으로 소수의 노동자를 보호하려다 미국에서 판매되는 모든 상품의 가격을 상승시킨 것이다.

진짜 무역전쟁은 언제 발발할까?

무역전쟁이 절대 성공하지 못하는 이유 중 하나가 거기에 있다. 즉, 소수의 노동자를 보호하려다 그보다 더 많은 사람을 고통에 빠뜨리는 것이다. 하지만 대부분의 사람은 그러한 경위를 잘 모른다. 아니, 거기에 대해 아예 생각하려 하지 않는다. 그래서 물가가 올라도 이것이 트럼프가 소수의 노동자를 보호해서 일어난 결과임을 알아채지 못한다. 그래도 중국에서 제조되는 애플 제품의 가격이 오르기 시작하면 눈치채는 사람도 늘 것이다. 다만 그렇게 되려면 시간이 더 필요하다.

정치가는 늘 역사에 잘못을 저지른다. 일본의 정치가는 물론이고 미국의 정치가도 그러하다. 만약 그들이 말하는 대로 그렇게 간단히 일이 풀린다면 우리는 누구나 부와 명예를 누릴 것이다. 그러니 이들이 하는 말을 아무 생각 없이 덥석 받아들여서는 안 된다.

사태가 악화되기 시작하면 트럼프는 이번에는 정말로 무역전쟁을 개시할 것이다. 트럼프는 계속 무역전쟁이 좋은 거라고 말해왔다. 트럼프가 대통령에 취임했던 당초에는 무역전쟁이 무의미하다는 것을 아는 인물이 있었으나 이들은 이미 정권을 떠났다. 이제 남은 인물은 무역전쟁은 가치가 있으며 그 전쟁에서 미국이 이길 거라고 생각한다. 실제로 무역전쟁이 시작되면 여러 문제가 발생할 텐데도.

지금은 미국의 주가가 오름세에 있지만 2020년부터 악화되기 시작하면 트럼프는 이것을 일본인, 한국인, 중국인 탓으로 돌릴 것이다. 트럼프는 무엇이든 남의 탓으로 돌린다. 무역전쟁에 돌입하면 세계의 증권시장이 베어마켓으로 전환되고 경제상황도 한층 힘들어질 것이다. 경제상황이 악화되면 트럼프 대통령은 이를 해결하기 위해 더 많은 무역전쟁을 벌이려고 할지도 모른다. 그런데 이것은 완전히 오판이다.

단, 무역전쟁에도 좋은 점이 없지는 않다. '바람이 불면 통 장수가 돈을 번다(It is an ill wind that blows nobody any good: 모진 바람이 누구에게나 모질게 느껴지는 것은 아니다)'라는 속담이 말해주듯이, 바람이 불면 누군가는 행운을 얻게 된다.

미중 무역전쟁이 본격적으로 시작되면 먼저 수혜를 받는 것은 러시아 농업이다. 현재 전 세계 농업이 고전을 면치 못하는 가운데, 러시아의 농업만은 번창하고 있다. 미국이 러시아 농업에 제재를 가하면 러시아는 수입에 기댈 수가 없으니 한층 자급자족에 힘쓸 것이다. 그러면 내수가 확대되면서 국내 농업은 한없이 번창할 것이다.

총기 제조업체에도 유리하다. 심각한 경제문제가 일어나면 늘 그랬듯이 외국인 혐오로 이어질 것이다. 정치가는 그 틈을 타서,

"외국인은 악의 축이다, 이제야말로 외국인을 몰아내야 한다"라며 국민을 선동한다. 그러면 현혹된 국민은 "외국인과 싸우기 위해 우리에게는 총이 더 필요하다"며 자기 방어를 위해 더욱 돈을 쓰게 될 것이다.

인도 경제는 어떻게 될까?

"평생에 한 번은 방문해야 할 나라지만
아직은 진정한 국가가 아니다"

나라로서는 매력적이지만 대국이 되려면 멀었다

미국에 이어 인도도 간과해서는 안 될 나라다.

인도는 중국과 영토문제로 오랫동안 대립해왔으나 최근에는 경제 분야에서 협력 자세를 보이고 있다.

중국이 세계를 이끄는 날이 오리라는 것은 충분히 상상이 가지만 인도는 아직 상상이 되지 않는다.

인도에는 세계 최악의 관료제도가 만연해 있다. 쓰이는 말도 몇백 가지나 되고 민족 집단의 단위와 종교도 셀 수 없이 많다. 그래서 아직까지는 '진정한 국가'라고 말할 수 없다. 1947년에 영국이

"오늘부로 겨우 나라가 되었다"고 말한 것처럼, 인도는 여전히 국가로서 성장하는 단계에 있다.

그래도 인도는 한 번은 방문해봐야 할 나라다. 풍부한 자연, 다양한 언어와 종교 등 조금만 거리를 걸어도 눈이 즐거워진다. 여성이든 남성이든 외모가 준수하고 머리도 비상하다. 그래서인지 큰 성공을 거두고 억만장자가 된 사람들이 수두룩하다.

만약에 평생 한 나라밖에 가볼 수가 없다면 인도에 가야 한다. 그만큼 인도는 지금까지 본 적이 없는 특별한 나라다.

러시아 경제를 주시하라

"모두가 꺼리는 곳이야말로
투자하는 재미가 있다"

러시아 투자는 기회다

그리고 무엇보다 러시아. 많은 사람들이 왜 이 나라를 이렇게 얕잡아 보는지 도저히 이해할 수가 없다. 나도 4년 전까지는 러시아에 대해 비관적인 견해를 갖고 있었으나 최근에 달라졌다. 시장을 낙관적으로 보고 각 업계에 투자를 많이 하기 시작했다.

러시아 주식 중에는 비료업계 주식을 보유하고 있다. 러시아의 농업이 번창하는 이유는 우선적으로 정부로부터 제재를 받고 있기 때문이다. 식량을 자유롭게 수입하지 못하다보니 스스로 재배하는 수밖에 없었다. 그래서 농업이 번창했다. 농업이 번창하자 당연히 비료의 수요도 늘었다. 내가 비료업계에 투자한 이유다.

이 밖에는 항공회사 아예로플로트(Aeroflot)의 주식도 보유하고 있다. 러시아의 경우, 항공업계 또한 여전히 성숙하지 않은 산업이다. 러시아에는 이런 회사가 많다. 또 러시아의 ETF(ERUS: 상장지수펀드)도 갖고 있다. 러시아의 증권거래소는 아직 문을 연 지 30년 정도밖에 되지 않았는데 새로운 분야인데다 성숙하지 않아서인지 투자하려는 해외투자가가 거의 없다. 그래서인지 러시아 주식시장의 지수는 2008년경에 최고치를 기록한 이후에 절반에 머물고 있다. 투자하기에 안성맞춤이다.

지금 국채를 사기에 가장 적합한 나라

러시아가 채무가 적은 나라인 점도 주목해야 한다. 국채가 적은 이유는 아무도 러시아에 돈을 빌려주지 않기 때문이다. 옛 중국과 흡사하다. 마오쩌둥에게 돈을 빌려주는 나라가 없었듯이 공산당이 지배하는 러시아에 돈을 빌려주는 나라는 없다. 현재 북한도 그러하리라. 김정은에게 돈을 빌려주는 사람이 없다보니 북한에는 채무가 없다. 그래서 한반도가 통일되면 북한은 한국보다 우위에 선다. 한국에는 빛이 있지만 북한에는 없기 때문이다.

나는 러시아 국채도 갖고 있는데 거의가 단기채다. 그 편이 속편해서, 라는 것이 이유다. 러시아의 경우, 장기채를 사야 더 큰돈을 벌 수 있지만 단기채가 구입이 간단하고 이자가 높아서 이에 못지 않은 이익을 낼 수 있다. 게다가 골치 아프게 따지고 생각하지 않아도 된다. 나는 게으른 투자가라서 그렇게 따지고 생각하지 않아도 되는 쪽을 고른다. 장기채라면 변동이 더 커질 가능성이 있어서 수익은 늘어날지 모르지만 그만큼 따지고 생각할 거리도 많다.

현재, 국채를 구입하기에 적합한 나라는 러시아 정도밖에 없다. 세계 각국의 금리에 대해 하고 싶은 말은 많지만 지금 여기서는 하지 않겠다. 어쨌거나 러시아의 금리는 비교적 높은 편이지 않은가(2018년 11월 시점에서 7.5퍼센트)? 이미 높지만 아직은 내려가지 않을 것 같다. 지금은 어느 나라나 유사 이래 최저 금리를 시행하고 있다. 역사상 이렇게까지 금리가 내려간 적은 없었다. 개탄스러운 일이다.

미국의 채권시장은 과거 35년간 오름세였으나 다가올 35년 동안에도 미국채가 상승할 가능성은 적다. 미국채를 비롯하여 어느 국채든 마찬가지다. 그래서 2019년부터 한동안은 러시아를 제외하고 국채를 구입하는 것은 현명한 선택이 아니다.

블라디보스토크의 가능성

지금 푸틴 대통령은 블라디보스토크를 중심으로 러시아 극동을 개발하려고 막대한 자금을 투입하고 있다. 1997년부터 러시아의 상트페테르부르크에서는 해마다 '상트페테르부르크 국제경제포럼'이라는 국내 최대 규모의 국제경제회의가 열리고 있다. 2015년부터 푸틴 대통령은 이 포럼을 블라디보스토크에서도 열기로 했다. 외국에서 투자를 받으려는 목적으로 '동방경제포럼'이라 이름을 짓고 전 세계에서 참가자를 모집하는 것이다. 매년 9월에 열리며 2018년에는 나도 참가했다. 물론 푸틴 대통령도 방문했다.

푸틴 대통령은 블라디보스토크에 대학을 지으려고 한다. 그곳에는 이미 '극동연방대(DVFU)'라는 극동지역에서 가장 큰 종합대학이 있지만 그보다 규모가 큰, 옥스퍼드대에 상당하는, 적어도 국내에서는 최대 규모인 대학을 짓고 싶은 모양이다.

옛날에 내가 오토바이로 러시아를 두 번 횡단했을 때는 도로가 거의 없었다. 그런데 지금은 모든 곳에 고속도로와 다리가 있다. 푸틴 대통령의 지시로 지은 것이다.

현재, 세계에는 가슴 설레는 도시가 몇 군데 있는데 블라디보스토크도 그중 하나다. 내가 블라디보스토크에 간 진짜 이유는 그 가슴 설레는 도시를 이 눈으로 직접 보고 싶었기 때문이다.

시베리아 지방에는 큰 기회가 잠자고 있다. 특히 중국과 맞닿는 국경 부근에는 천연자원이 풍부하다. 옛날에는 중국의 일부였고 100년 전에 철도도 건설되었다. 지금도 중국인이 많이 살고 있으며 중국 기업도 진출해 있다. 언젠가 중국이 그곳을 점령하리라는 것을 푸틴은 알고 있다. 그래서 지금 시베리아에서 그리 멀지 않은 블라디보스토크에 막대한 투자를 하고 있는 것이다. 러시아는 극동을 개발하려고 모든 방법을 동원하고 있다.

반 러시아를 떠드는 미디어의 프로파간다에 속지 마라

러시아를 싫어하는 사람이 많다. 사람들이 러시아를 싫어하는 이유는 유럽과 미국의 프로파간다 탓이다. 미국의 프로파간다는 때때로 아주 효과적이다. 가령 2014년부터 계속된 우크라이나 내전에서 잘못을 저지른 쪽은 미국이었다. 미국의 군사 개입으로 우크라이나 정부와 우크라이나 동부에 거점을 둔 친 러시아파의 항쟁이 거세졌기 때문이다. 하지만 미국은 자신들이 우크라이나를 혼란에 빠뜨렸다는 사실은 쏙 빼놓고 러시아 잘못이라고 비난했다.

그래서 실제로 그렇게 생각하는 사람도 많다. 이는 마치 한국에서 무슨 일만 생기면 북한을 비난하는 것과 비슷하다. 한국을 둘러싼 국제문제의 대부분은 주한미군이 원인인데 말이다.

서방측에서는 2014년부터 러시아에 경제제재를 가하기 시작했다. 그리고 미국은 2017년부터 2018년에 걸쳐 러시아에 대한 제재 압력을 더욱 강화했다.

또 트럼프 대통령은 러시아가 시리아 아사드 정권(시리아는 현재 바샤르 알아사드Bashar al-Assad 대통령이 정권을 잡고 있다)에 무기를 공급하고 있다고 비판했다. 그러면서 "러시아는 각오하라. 시리아에서 너희를 향해 미사일을 쏠 것이다"라는 취지의 트윗을 날렸는데, 그 후로 고작 몇 시간 만에 러시아 주가가 12퍼센트나 폭락하는 놀라운 일이 벌어졌다.

분명히 경제제재는 단기적으로 상대에게 일정한 타격을 줄 수 있을지 모른다. 하지만 결국에는 효과가 없다. 제재를 해봤자 상대는 그걸 잘 피해서 운영하는 법을 배우기 때문이다.

러시아의 농업은 경제제재를 받고 오히려 번영했다. 미국에 대한 수출과 수입길이 막히자 국내수요에 무게를 두게 되었다. 그러자 이 일을 계기로 러시아 경제가 살아나는 아이러니한 일이 벌어진 것이다. 미국은 러시아에 고통을 주려고 했지만 이 일이 도리어 러시아에, 특히 러시아의 농업에 번영을 가져다주었다.

지금 모스크바 항공은 중국인으로 넘쳐난다. 모스크바 중심부에 있는 '붉은 광장'에서도 중국인을 심심치 않게 볼 수 있다. 5년 전만 해도 거의 볼 수 없는 광경이었다. 이렇게 중국과 러시아는 점점 더 친밀해지고 있다. 트럼프가 러시아를 궁지로 몰수록 중국과 러시아의 거리는 좁혀질 것이다.

러시아의 주가는 원유가격에도 크게 좌우된다. 러시아의 수입원은 대부분 석유에서 나오기 때문이다. 석유가격이 떨어지면 러시아는 고통에 빠진다.

한 나라의 주가가 고작 하나나 두세 개 제품(산물)의 주가에 좌우되는 예는 이 밖에도 또 있다. 가령 면화의 주가와 파키스탄의 주가는 밀접한 관계가 있다. 면은 파키스탄 최대의 수출품이기 때문이다. 면화의 주가가 오르면 파키스탄 주가도 호조를 보인다. 잠비아도 은에 상당히 의존하고 있다. 그래서 은과 관련된 주식을 사면 잠비아 주식을 사는 것이나 다름없다. 러시아에 관해 말하자면 석유가 유일한 산물은 아니지만 러시아 주식을 말할 때 없어서는 안 될 중요한 품목임에는 틀림이 없다. 사우디아라비아도 마찬가지다.

그래서 골치 아프게 러시아에 투자하지 말고 간단히 석유에 투자하라고 말하는 사람도 있다. 나도 그 말에는 부정하지 않는다.

내가 러시아 주식을 사는 이유는 사람들이 주목하지 않아서 가격이 낮고 나라 빚이 적기 때문이다.

내가 맨 처음 러시아에 간 것은 1966년의 일이다. 그리고 아주 비관적인 기분이 되어 돌아왔다. 그로부터 거의 50년 가까이 러시아 및 그와 비슷한 나라에 대해 비관적인 생각을 갖고 있었다.

하지만 2014년경, 나는 생각을 바꿨다. 달라지려고 하는 그들을 보면서 나도 변해야겠다고 생각했기 때문이다. 지금은 러시아를 낙관적으로 보고 있다. 러시아는 전 세계의 미움을 받고 있지만 나는 미움을 받는 사람이나 상품을 아주 좋아한다. 짐바브웨와 베네수엘라도 마찬가지다. 다들 싫어하고 꺼리는 것을 사랑하려고 한다.

제5장

투자의 원칙

―큰 변화의 파도 앞에서 꾸물거리지 마라

앞 장들이 '변해가는 세계 경제를 겨냥한 그림'이라고 하면 이 장은 좀 더 구체적으로 "우리는 지금, 그리고 앞으로 무엇을 해야 하는가?"라는 질문에 대한 대답을 제시한다. 성공하려면 자신이 잘 아는 분야에 투자할 것, 이익을 내고 나면 무슨 일이 있어도 '해변에서 느긋하게' 쉴 것……. 반세기 가까이 투자에 몸담아왔고 때로는 전 재산을 잃은 적도 있는 짐 로저스의 투자 철학은 정말로 단순하다.

또 이 장에서는 현재 세계 경제 속의 돈의 흐름과 지금 투자해야 할 대상은 무엇인지, 나아가 앞으로 반드시 배워야 할 스킬은 무엇인지 등 '다가올 시대를 살아남기 위한 지혜'도 알려준다.

투자는 쉽지 않지만 비결만 알면
누구나 할 수 있다

"돈을 버는 지름길은 없지만 돈이 돈을 낳는 구조는 있다"

다른 사람의 조언을 귀담아듣지 마라

투자가 중에는 아침에 일어나자마자 제일 먼저 주식시장을 확인하는 사람이 있는가 하면 시사뉴스를 제일 먼저 보는 사람도 있다. 50년 전이라면 신문이나 라디오, 텔레비전에서 정보를 얻는 투자가도 많을 것이다.

내 경우는 메일 체크가 먼저다. 아침에 일어나면 메일을 보며 무슨 일이 일어났는지 확인한다.

많은 투자가가 투자네트워크를 갖고 있는데, 나는 늘 한 마리의 늑대처럼 일해왔다. 앞으로도 계속 혼자서 일할 생각이다. 투자업계에 있는 사람은 사실 그렇게 말을 많이 하지 않는다. 지금까지 경험상 다른 사람이 하는 말을 귀담아들으면 대개는 손해 본다는 걸 알고 있기 때문이다. 개중에는 투자업계의 정보를 모아서 잘 활용하는 사람도 있지만 나는 그런 타입이 아니다. 그래서 다른 사람과 투자에 관해 얘기하는 일이 거의 없으며 다른 사람의 조언에 귀를 기울이는 일도 없다.

또 반대로 "어떤 종목을 사려고 하는지 구체적으로 알려주세요"라고 누군가가 조언을 청할 때도 구체적으로 답하지 않는다. 내가 말하면 "짐 로저스가 알려주었다"면서 상대는 무턱대고 사려 하기 때문이다. 설령 내가 엉터리로 말했다 해도 자신이 무엇을 사려고 하는지 자세히 알려고 하지 않은 채 지갑을 연다. 그런 사람들은 내 조언만이 아니라 신문이니 누군가 다른 사람의 말을 그대로 받아들이고 생각 없이 사버린다. 어리석기 짝이 없는 행위다.

실제로 있었던 일을 얘기해보겠다. 24년 전, 나는 한 텔레비전 방송에 출연해서 멕시코 주식을 공매도한다고 말했다. 멕시코에 금융위기가 올 것이라고 예상했기 때문이다. 그래서 '멕시코 펀드(Mexico Fund)'라는 특정한 종목 이름을 대고 뉴욕 증권거래소에서 공매도를 했다고 말했다. 그런데 놀라지 마시라. 3주일 후 멕시코의 통화 페소가 폭락하며 멕시코의 금융시장은 완전히 붕괴되었다. 이후 멕시코는 외국에서 500억 달러가 넘는 돈을 긴급 지원받았다.

그 일이 있고 얼마 후, 다시 텔레비전 방송에 출연하여 멕시코의 금융위기에 관해 말하는데, 시청자로부터 한 통의 전화를 받았다. 전화의 주인은 "짐 로저스, 이 ××자식아" 하고 다짜고짜 욕설을 내뱉었다. 내가 텔레비전에서 '멕시코 펀드'라고 하는 말을 듣고 그 주식을 샀다는 것이다. 내가 분명히 공매도라고 말했는데 자세히 듣지도 않고 종목에 대해 제대로 조사해보지 않고서 그 꼴을 당한 것이다. 만약에 내 말을 자세히 듣고 공매도를 했더라면 큰돈을 벌었을 텐데. 이런 사례는 이 밖에도 얼마든지 있다. 그래서 나는 특정 종목을 말하려고 하지 않는다.

나만의 '정보 입수법'

내가 참고하는 메일은 아주 보통 사람이 보내주는 평범한 메일이다. 그런 일상적 메일 속에 업계의 동향과 주가의 시세변동을 예측할 때 참고가 되는 메시지가 숨어 있기 마련이다.

신문도 구독한다. 과거에는 미국에서 발행된 몇 종류의 신문에 영국과 캐나다, 일본 등 5개국의 신문을 읽었으나 지금은 2~3개국으로 줄였다. 예전에는 「니혼게이자이신문」도 구독했었다.

지금은 그중에서 영국의 국제경제 전문 일간지인 「파이낸셜 타임스(Financial Times)」만 본다. 「니혼게이자이신문」에 매수되었으나 지금도 나는 영국 신문이라기보다 국제 신문이라고 생각하고 읽는다. 이 밖에는 싱가포르 영자신문인 「스트레이츠 타임스(The Straits Times)」와 「더 비즈니스 타임스(The business Times)」라는 싱가포르 경영지를 구독해서 읽는다.

구독지를 줄인 이유는 인터넷이 등장했기 때문이다. 이제는 인터넷에서 전 세계의 뉴스를 읽을 수 있다. 특히 외국의 동향을 알고 싶을 때는 인터넷에 접속해서 보는 편이 빠르고 간단하다. 5개국의 신문을 구독했던 이유는 그때까지 인터넷이 발달하지 않았기 때문이다.

학력과 성공은 무관하다

예로부터 사람들은 교육과 학력을 중시해왔다. 나도 중요하다고 생각한다. 적어도 직업을 구하는 데는 도움이 될 것이다.

단, 학력이 성공을 보장하지는 않는다. 내가 졸업한 예일대도 유학했던 옥스퍼드대도 어디나 세계적인 명문대학이다. 하지만 예일이나 옥스퍼드에 가서 크게 성공했다는 사람을 거의 본 적이 없다. 이것이 명문대학의 현실이다.

옥스퍼드대를 나온 지인은 대부분 "나는 옥스퍼드대에 갔으니까 부자가 될 거야. 크게 성공할 거라고!"라고 말했지만 세상은 학력에 별로 상관하지 않는다. 특히 졸업해서 사회에 발을 들여놓으면 어느 대학을 나왔느냐보다 얼마나 일을 잘하느냐가 더 중요해진다.

내 딸들은 2019년 현재 열한 살과 열여섯 살인데 평소에 이렇게 말해주곤 한다. "학교에서는 열심히 공부해서 좋은 성적을 받아라. 하지만 성적을 잘 받는다고 해서 꼭 성공하는 건 아니야. 거꾸로 나쁜 영향을 끼칠 수도 있어. 단, 성적이 좋으면 자기가 하고 싶은 일을 선택할 수 있지. 이거야말로 중요하단다."

학교 성적이 나쁘면, 가령 서울대에 가고 싶어도 그 꿈을 이룰 수가 없다. 서울대에 가든 못 가든 상관없다. 이것은 당신의 선택이다. 단, 성적이 나쁘면 그런 선택을 할 수조차 없게 된다. 이런 의미에서 성적은 중요하다. 교육도 중요하다. 좋은 교육을 받아도 성공한다고 볼 수는 없지만 교육은 틀림없이 장래 도움이 되는 많은 스킬과 선택지를 제공해줄 것이다.

바르게 투자하면 돈이 멋대로 돈을 낳는다

딸들이 태어났을 때, 나는 아이들에게 돼지저금통을 선물했다. 그것도 통화에 따라 저금할 수 있게 미국 달러용, 싱가포르 달러용으로 나눠서 여러 개를 사주었다. 그 아이들을 통화투자가로 만들려는 의도는 결코 아니다. 자기가 사는 나라의 돈만이 아니라 다른 나라의 돈도 저금해야 한다는 걸 어릴 때부터 가르쳐주고 싶었다. 투자란 자기 돈을 쓰는 것이다. 전부 쓰고 싶으면 써도 되지만 반드시 후회하게 된다. 저금을 해보면 설령 작은 이자라도 돈이 들어온다는 걸 알기 때문이다.

나는 열세 살 때부터 아르바이트를 시작해서 쉬지 않고 일했다. 그리고 받은 돈은 은행에 저금했다. 이 세상에 홀로 남겨진 듯한 앨라배마주의 작은 마을이라서 그렇게 많이는 받지 못했지만 어쨌든 은행에 저금하면 이자가 붙었다. 이것이 내가 어린 시절 경험한 저축에 관한 원체험이다. 나는 내 딸들에게도 일해서 돈을 모으고 키우는 방법을 가르쳐주고 싶다. 근로와 저금으로 소득을 얻는 것이 얼마나 가치가 있는지 10대 시절에 배워야 한다는 것이 내 생각이다.

또한 투자를 배우면 돈으로 돈을 낳을 수 있다. 일하지 않을 때에도 돈은 당신을 위해 거기에 앉아서 일을 해준다. 이 얼마나 멋진 일인가! 공원에서 놀건 야구를 보러 가건 돈은 쉬지 않고 일을 한다. 투자를 하면 이렇게 여러분의 돈은 계속 일하게 된다. 그래서 제대로만 투자하면 최종적으로는 부자가 될 수 있다. 과정이 간단하지는 않지만 공부와 리서치를 착실히 하면 가능하다. 부자가 될 수 있으면 자기 자신에게 만족하고 아이들도 여러분에게 만족하고 손주도 여러분에게 만족한다. 나아가 국가도 당신에게 만족한다. 머리를 써서 바르게 투자하면 돈이 자동적으로 돈을 낳는다. 이것이 투자의 즐거움이다.

투자의 또 다른 재미는 주식투자의 경우, 늘 변화의 소용돌이 한 가운데에 있게 된다는 점이다. 모든 것이 매분, 매시간 변화한다. 퍼즐 조각이 시시각각 변하는 것이다. 이는 간단한 일이 아니고 간단하다고 생각해서도 안 된다. 하지만 나에게는 흥분되는 일이다.

전 세계에 사는 사람과 늘 지혜를 겨루는 일이니까.

어린 시절에는 월가와 투자에 대해 전혀 몰랐다. 하지만 세계에서 무슨 일이 일어나는지에 대해서는 늘 흥미를 갖고 있었다. 대학을 졸업하고 월가로 갔다. 내가 좋아하는 일, 즉 세계에서 무슨 일이 일어나는지를 알면 월급을 받을 수 있다는 걸 알고 월가에 강하게 이끌렸다. 그러고 나서 투자에 빠졌다. 칠레에 혁명이 일어나면 동(銅) 가격이 오르고, 동 가격이 오르면 온갖 것이 영향을 받는다. 말하자면 먼 이국의 땅에서 일어난 혁명이 자신이 알고 있는, 그리고 행하는 모든 일에 영향을 미치는 것이다.

세계에서 무슨 일이 일어나든 당신에게는 상관없는 일인지도 모른다. 남아프리카에서 무슨 일이 일어나든, 중국에서 무엇이 일어나든 자신과는 관계가 없다고 말할지도 모른다. 하지만 여러분이 무슨 일을 하든 세계에서 일어나는 일은 전부 최종적으로 여러분의 인생에 영향을 미친다.

성공하는 투자가가 되려면 세계에서 무슨 일이 일어나는지 늘 파악하고 있지 않으면 안 된다. 이것이 투자의 어려움이자 재미다.

전 재산을 잃고 깨달은 인생철학

"'기다림'은 때로 행동보다 중요하다"

성공에 필요한 딱 한 가지

투자를 할 때 어떤 점에 주목해서 결정하냐고 묻는 사람이 많다. 이것은 너무나 복잡한 질문이라서 그에 관해 책을 쓰자면 여섯 권 분량이 나올 정도다. '○○페이지를 열면 거기에 답이 있다'고 대답할 만큼 단순하지 않다.

가령 나라면 회사를 경영하는 사람은 어떤 인물인지, 회사의 재정 상태는 어떠한지, 빚은 있는지 없는지, 경영방침은 확고한지, 경쟁사는 얼마나 있는지, 회사의 재무상태표는 어떠한지, 업계에 대한 정부의 견해는 어떠한지, 규칙은 있는지 없는지를 본다. 또

책상에 앉아서 자료와 씨름할 뿐만 아니라 최대한 많은 개인과 기업을 방문하려고 한다. 이들과 경쟁상대에 있는 기업의 견해를 듣기도 한다. 가령 도요타에 대해 알고 싶을 때는 경쟁기업인 닛산과 포드를 방문한다. 경합상대에 대해 얘기할 때 인간은 수다스러워지는 법. 덕분에 늘 생각지도 못한 수확을 얻게 된다.

나라에 투자하는 경우는 투자할 나라에 직접 가서 내 눈으로 신중하게 확인하지 않으면 안 된다. 국가의 상황이나 안정도, 시민생활의 실상 등을 자세히 조사할 필요가 있다.

이렇게 투자를 하려면 먼저 검토해야 할 게 한두 가지가 아니다. 인재든 경영이든 업계든 깊은 지식을 갖고 있지 않으면 안 된다. 월가에서 일을 시작했을 무렵에는 하루에 15개사를 돌아다니며 일주일 동안 5개 도시를 방문하는 경우도 드물지 않았다. 그래도 힘든 줄도 모르고 매일 즐겁게 일했다. 이런 방식은 지금도 달라지지 않았다.

물론 시장의 동향도 하나하나 자세히 체크해야 한다. 최근의 예로는 AI(인공지능)의 도입이다. AI가 시장에서 기능할지 아닐지. 그렇다면 어떤 AI가 쓰이는지를 끈덕지게 리서치를 계속하지 않으면 안 된다.

인내는 인생에서 배워야 할 미덕 가운데 하나다. 어떤 학교에서도 인내심을 길러주지 않는다. 인생을 한 걸음 한 걸음 걸어나가면서 스스로 배워가는 수밖에 없다. 그 걸음을 멈출 수는 없다. 이는 내가 예일대에 입학했을 때부터 줄곧 갖고 있던 신념이었다.

좋게 말해도 우수한 학생이라고는 말할 수 없던 나는 "더 이상 지식을 얻을 수 없다고 생각하는 순간까지 배움의 끈을 놓지 않겠다"고 결심했다. 성공하는 사람은 결코 포기를 모르는 사람이다. 특히 투자할 때 그렇다.

대개의 경우, 시장은 틀렸다. 돈을 버는 사람은 극히 일부이고 투자가는 대부분 손해를 본다. 투자가가 손해를 보는 이유는 투자를 잘못했기 때문이다. 잘못된 투자가 시장을 잘못된 방향으로 이끈다. 반면에 끈기 있게 리서치를 한 후 투자하는 사람, 즉 바르게 행동하는 사람은 돈 벌 기회를 확실하게 손에 넣을 수 있다. 이런 이유로 시장은 최종적으로는 옳지만 매일 보면 틀렸다고 할 수 있다.

아무도 눈여겨보지 않는 것을 사라

투자의 포인트가 한 마디로 표현할 수 있을 만큼 간단하다면 우리는 누구나 큰 부자가 될 것이다. 하지만 투자 방법은 상황에 따라 천차만별이다. 텔레비전이나 인터넷에는 "이렇게 하면 크게 성공한다"는 노하우가 넘쳐나지만 부자가 되기란 그렇게 쉽지 않다. 그런 노하우들을 보면 너무 단순해서 모두가 "이 정도는 나도 할수 있다"고 느끼게 된다. 나도 아마존과 같은 대기업을 만들 수 있다고 생각하는 것이다. 그렇게 단순한 일이 아닌데도 말이다.

딱 한 가지 '성공하는 방법'이라고 할 만한 걸 꼽는다면 "당장에 아무도 눈여겨보지 않는 종목을 사라"는 것이다.

1980년대, 컬럼비아대 비즈니스스쿨에서 교편을 잡았던 시절의 일이다. 오스트리아가 자국의 증권거래소의 규모를 확대하려고 한다는 정보를 어디선가 읽었다. 국가가 성장·번영하려면 증권거래소가 여러 군데 있고 국제금융거래가 활발하게 이루어지는 금융센터가 필요한데 오스트리아에는 아직 그런 곳이 없었다. 그래서 정부가 기를 쓰고 금융센터를 지으려고 한다는 것이다.

마침 그 무렵에 오스트리아의 재무장관이 우연히 뉴욕에 머물고 있었다. 나는 서둘러 그를 내 수업에 초대했다. 재무장관은 수업에서 이렇게 말했다. "우리는 이제 막 증권거래소의 확대에 착수했습니다. 투자를 촉진하기 위해 법령정비에 주력하고 있습니다." 국가에 따라 다르지만 투자가가 많은 주식을 살 수 있게, 더 많은 기업이 상장할 수 있게 세제상의 우대조치를 제공한다는 말이다. 오스트리아는 그런 수단을 이용하여 금융거래의 규모를 확장하려는 것이었다.

나는 당장 뉴욕에서 가장 큰 오스트리아 은행의 지점장에게 전화를 걸어 "오스트리아 증권거래소에 투자하고 싶은데 그쪽 은행에 계좌를 열 수 있을까요?"라고 물었다. 그런데 상대의 대답은 이러했다. "우리는 증권거래소를 갖고 있지 않아요." 대답을 듣고 내 가슴은 심하게 고동쳤다. 인사를 하는 둥 마는 둥 전화를 끊고 이번에는 여행사에 전화를 걸었다. 그리고 최대한 빨리 빈(Wien)에 가고 싶다고 말했다.

나는 빈에 증권거래소가 있다는 것을 알고 있지만 뉴욕 지사의 지점장은 모른다. 이 말은 곧 세상 사람들도 대부분 모른다는 뜻이리라. 오스트리아 정부는 우대조치를 제공하면서까지 자국의 증권거래소를 알리려고 결사적이었다. 이런 상황이라면 아주 싼 가격에 주식을 살 수 있다. 나는 당장에 빈으로 날아가서 계좌를 열고 주식을 샀다. 그래봤자 당시에는 25종목밖에 사지 못했지만.

1973년에 조지 소로스와 운용을 개시한 '퀀텀펀드'를 성공한 것도 다른 사람이 알지 못하는 곳에 투자했기 때문이다. 당시에는 사람들이 그렇게 관심 갖지 않았던 해외투자와 공매도에 우리 두 사람은 적극적으로 나섰다. 그 결과 4,200퍼센트라는 전설적인 수익률을 올릴 수 있었다.

아직 많은 사람들에게 알려지지 않아서 정부가 시장의 존재를 알리려고 우대조치를 취한다. 얼핏 간단하게 들리지만 이런 절호의 기회는 자주 찾아오지 않는다. 만약에 찾아온다면 서둘러 사야 한다. 안 그러면 너무 늦다.

그런 의미에서 북한에 증권거래소가 개설되면 당장이라도 북한의 주식을 사야 한다. 문제는 북한의 경우 이미 많은 사람이 눈여겨보고 있다는 점이다. 주식시장이 생기기를 모두가 학수고대하고 있다. 이제 북한 이외에 누구도 주목하지 않는 나라를 찾지 않으면 안 된다.

앞 장에서도 말했다시피 러시아도 좋은 투자처다. 많은 사람이 러시아에 투자를 꺼리는 바람에 러시아의 주식 가격은 낮다. 대다수의 사람이 러시아에 주식시장이 있는지조차 모른다. 그래서 많은 기회가 잠자고 있다고 할 수 있다. 아베 총리가 러시아와 우호관계를 맺으려 하고 있다. 러시아와 사이좋게 지내면 언젠가 이익을 볼 날이 올 것이다.

트럼프 대통령도 러시아와 우호관계를 맺으려고 하지만 유감스럽게도 미국에는 러시아를 싫어하는 사람이 너무 많다. 러시아에 관해 나쁜 소문을 퍼뜨려서 먹고사는 사람도 적지 않다. 러시아를 싫어하는 정치단체도 있다. 그래서 트럼프가 러시아와 우호관계를 맺으려면 많은 사람을 적으로 돌려야 한다. 이런 상황에서 아베 총리가 지성을 발휘하면 러시아는 미국보다 일본에 먼저 문을 열어줄 것이다.

'기다림'은 중요한 재능의 하나

신문과 인터넷에서 관심을 끄는 종목을 발견해도 나는 당장에 매수에 나서지 않는다. 그 시간에 리서치를 더 한다. 여태까지 눈물이 쏙 빠지는 실패를 수도 없이 경험했는데, 실패하고 나서 돌아보면 늘 리서치 부족이 원인이었다. 그것을 교훈 삼아 리서치는 지나치다 싶을 정도로 많이 한다.

"시간은 이 정도만 들이면 충분해"라는 말을 쉽게 해서는 안 된다. 투자처에 따라 리서치의 필요도가 변하기 때문이다. 원래 자세히 아는 업계의 주식이라면 리스크가 낮다. 가령 나는 사탕수수에 대해서는 50년이나 투자를 하고 있어서 잘 알고 있고 잘 아는 나라도 있다. 이와 반대로 새로운 산업, 새로운 회사, 새로운 나라라면 더 깊이, 하나부터 열까지 자세히 리서치를 해야 한다. 하지만 그러기에는 비용이 너무 많이 들고 리스크도 크다. 그렇게 생각하면 자신이 잘 아는 업계와 국가에 투자하는 것이 제일이다.

잘 아는 분야가 없는 경우에는 투자하지 않는 편이 낫다. 지식을 충분히 쌓아서 자신 있는 분야가 나올 때까지 돈을 은행에 넣어두고 기다리는 것이 현명하다. 심한 인플레이션이 발생하면 지내기는 힘들어도 투자해서 큰 손해를 보는 것보다는 훨씬 낫다. 이자가 붙는 곳에 돈을 넣어두면 적게나마 이자를 받을 수 있으니까.

'기다리는' 것도 투자가에게는 필요한 자질이다. 때로는 '아무것도 하지 않는' 자세가 필요하다. 나는 지금까지 많은 사람에게 그렇게 조언해왔다.

어떤 장소에서 비즈니스 기회를 포착했다면 그 판단은 옳다. 나머지는 사는 것뿐이다. 거꾸로 말하면 비즈니스 기회가 확실하게 보일 때까지는 아무것도 해서는 안 된다. 많은 사람이 투자를 하려면 늘 분주히 움직여야 한다고 믿는다. 늘 주가에 신경 쓰고 뭔가 행동을 하지 않으면 안 된다고. 하지만 그것은 착각이다.

또 대부분의 사람이—나를 포함해서—너무 서두른다. 나는 과거에 시대를 너무 앞서가서 실패한 경험이 수도 없이 많다. 확실하게 비즈니스 기회가 보일 때까지 인내심을 갖고 기다리지 않으면 안 된다. 비즈니스 기회가 왔다는 걸 확실하게 깨닫는 순간까지.

돈을 번 직후에 실패할 가능성이 가장 높다

특히 성공하고 돈을 벌었을 때가 주의해야 할 시기다. 한 번 더 큰 돈을 벌고 싶어서 마음이 조급해진다. 돈을 벌었을 때는 해변에라도 가서 아무것도 하지 않는 것이 제일이다. 크게 성공하면 사람은 바로 우쭐해져서 자신이 똑똑하고 돈도 쉽게 번다고 착각하게 된다. 그리고 다시 떠밀리듯 투자에 나섰다가 실패하게 된다.

인간은 실패하면 다른 사람을 탓한다. 블로거를 탓하고, 텔레비전에서 잘난 척하며 조언하던 사람을 탓하고, 인터넷에서 본 조언을 탓한다. 하지만 모든 실패는 자기 탓이다. 충분히 리서치를 하지 않은 자신의 잘못이다. 남을 탓해서는 안 된다.

거듭 말하지만 정말로 투자가로서 성공하고 싶으면 남이 하는 말을 귀담아들어서는 안 된다. 자신이 잘 알고 있는 종목에만 투자하면 된다. 스포츠든 차든 패션이든 누구나 잘 아는 분야가 있을 것이다.

이 디자이너, 혹은 이 체인점에는 늘 내가 좋아하는 스타일의 옷을 만드는구나. 그렇다면 분명히 성공할 거야. 그런 예감이 드는 상품이 여러분에게도 있지 않은가? 나는 패션에 대해 잘 모르지만 자세히 아는 사람은 바로 감지할 것이다. 이 브랜드가 잘 팔릴 거라고. 그런 예감이야말로 투자의 시작이다. 잘 팔릴 만한 상품을 만드니까 성공한다, 모두가 살 만한 상품을 내놓으니까 성공한다. 너무 당연해서 많은 사람이 알아채지 못하지만 투자는 이런 예감에서 시작된다.

단, 비즈니스 기회를 발견하면 곧바로 행동에 나서야 한다. 행동이란 공들여 리서치를 하고 주식을 찾아서 사는 것을 가리킨다. 많은 사람이 뒤늦게 억지를 부린다. "그 회사가 성공할 줄 10년 전부터 알고 있었어"라거나 "그때 100달러로 주식을 샀으면 지금쯤 20만 달러가 됐겠지"라고. 행동하지 않은 사람일수록 나중에 억지를 부리는 특징이 있다. 입으로 말하기는 쉽다. 하지만 "성공할 줄 알았다"고 말해도 되는 사람은 실제로 100달러에 주식을 사서 20만 달러로 늘린 사람뿐이다. 행동하지 않으면 아무런 의미가 없다.

행동을 하고 난 후에는 잠만 자도 된다. 그리고 그 주식이 오르기를 느긋하게 기다렸다가 팔아야 하는 시기에 판다. 팔아야 하는 시기도 그 업계를 숙지하고 있으면 자연히 알게 된다. 뭔가가 달라졌다, 품질을 버리고 생산성에 중점을 두기 시작했다, 이제 전만큼 좋은 상품이 생산되지 않는다, 라고 느낀다면 팔아도 되는 것이다.

업계를 철저히 리서치하면 그 변화를 파악하고 팔아야 할 시기를 알 수 있다. 그리고 거듭 말하지만 성공했다고 우쭐해지면 안 된다. 아무것도 하지 말고 해변에 누워서 편히 쉬어라.

자산을 세 배로 만든 5개월 후에 전 재산을 잃고 깨달은 것

그렇게 단언하는 이유는 나 자신이 성공으로 우쭐해져서 큰 손해를 본 경험이 있기 때문이다.

월가에서 비즈니스를 시작하자마자 대성공을 거두었다. 주변 사람이 모든 것을 잃을 때 나는 일을 시작하고 5개월 만에 자산을 세 배로 불렸다. 그 일이 있고 나는 내 머리가 좋다고 굳게 믿었다. 하지만 그게 잘못이었다. 5개월 후 나는 전 재산을 잃었다.

경험이 없을 때 단기간에 큰돈을 벌면 그런 실수를 저지른다. 내가 하는 선택이 맞는다고 착각하는 것이다. 하지만 크게 실패함으로써 내가 아무것도 모른다는 현실을 알 수 있었다. 시장이 나보다 더 똑똑하다는 사실을 배운 것이다. 좋은 교훈이 되었다.

실패하고 돈을 잃는 것은 불운한 일이 아니라고 나는 늘 사람들에게 조언한다. 실패하는 사람은 많다. 세계에서 가장 성공한 사람도 실패한 경험이 있다.

　단, 이왕 실패할 바에는 스물다섯 살에 하는 편이 낫다. 쉰다섯에 큰 실패를 하면 만회하기가 어렵지만 어린 시절의 실패는 많은 것을 배우게 해주고 세상에 대해서도 가르쳐준다. 젊은 시절이라면 실패 후 다시 일어나 성공할 시간과 체력이 있다.

경제의 변동에 좌우되지 않는
인생을 보내는 비결

"투자처에서 필요한 스킬까지"

세계 금융위기에서 살아남는 최선의 방법

이미 설명했듯이 머지않아 세계에 사상 최악의 금융위기가 덮칠 것이다. 통화의 혼란과 인플레이션에서 살아남으려면 실물자산(real assets)을 보유하는 방법밖에 없다.

제1차 세계대전 후, 독일에서 심한 인플레이션이 발생했다. 그때 살아남은 이는 부동산이나 주식에 투자한 사람이었다. 주식이 아니어도 금과 은, 채권이라도 좋다. 가치가 있는 채권을 보유하고 있으면 그게 실물자산이 된다. 그렇게 해서 살아남는 것이다. 이는 시대가 변해도 변함이 없다.

예를 들어, 최근 몇 년 사이의 짐바브웨와 베네수엘라를 보라. 베네수엘라에서는 금이 현지통화로 쓰이며 가격이 폭등했다. 실물자산을 소유한 사람은 살아남았지만 정부를 신용한 사람은 먹고 살 돈도 벌지 못했다. 특히 인플레이션이 발생했을 때는 정부를 믿어서는 안 된다. 베네수엘라에서는 사람들이 점점 국외로 빠져나가고 있다.

아르헨티나는 과거 100년 사이에 수차례 금융위기를 겪었는데 그때마다 사람들은 금을 샀다. 모두가 그렇게 해서 어려운 시기에 살아남았다. 터키에서도 금이 현지 통화로 쓰이며 가격이 폭등하고 있다. 미 달러는 폭등하지 않았다.

금융이 완화되면 실물자산에 자금이 흘러들어간다. 이것은 역사를 보면 변하지 않는 진실이다.

특히 2008년 리먼 사태 이후, 금융상품에 대한 신용이 땅에 떨어졌다. 지금은 전 세계적으로 금융 분양에서 실제로 상품을 생산하는 산업으로 경제의 중심축이 교체되고 있다. 광산노동자와 석유생산자 그리고 농업종사자로 세계의 중심이 이동하고 있다. 천연자원이 많은 시장은 이러한 변화에 힘입어 점점 호황을 누리고 있다.

전 세계가 지폐를 인쇄기로 찍어내는 지금이야말로 실물자산을 보유해야 한다. 세계의 역사를 돌이켜봐도 이렇게 전 세계가 자국의 통화가치를 줄이려고 하는 시대는 없었다. 지폐의 가치가 내려갈수록 실물자산의 가치는 올라가는 것이 당연한 섭리다.

앞으로 반드시 필요한 스킬 두 가지

지금 한국을 비롯한 각국에서 종신고용이 사라지고 있다. 한국은 이미 종신고용을 유지할 여유가 없다. 그래서 더욱 특별한 스킬이 필요하다. 그 스킬은 교육을 받아서 배워도 되고 실제로 사회에 나가 실천적으로 배워도 좋다. 어쨌든 시대에 맞는 스킬을 익히는 것이 중요하다.

어머니는 돌아가실 때까지 전자메일을 쓸 줄 몰랐다. 그래도 상관없었다. 이미 80대였던 어머니는 전자메일 따위는 쓰고 싶지 않다고 말했기 때문이다. 하지만 사십 대, 오십 대의 한창 일하는 나이라면 반드시 시대에 순응해야 한다. 변하지 못하는 사람에게 종신고용을 제공할 만큼 여유로운 나라는 이제 없다. 한국과 일본, 중국만이 아니라 전 세계가 그렇다고 말할 수 있다. 현대사회는 너무 빠르게 변화하고 있다. 그 변화의 파도를 타지 못하면 언젠가 큰코다치게 될 것이다.

젊은 사람에게는 외국어를 배우라고 권하고 싶다. 나에게 후회되는 일이 있다고 한다면 젊은 시절 외국어를 배우지 않은 것이다. 언어를 하나라도 많이 알면 얻을 수 있는 정보의 양과 내용이 극적으로 달라진다. 미국을 떠나 싱가포르에 이주한 이유는 두 딸들이 영어와 중국어를 자유자재로 구사하기를 바라서다. 현재 세계 공통어는 영어지만 장차 중국어가 세계를 좌우할 언어가 되리라고 예전부터 확신했었다. 이주하고 10년이 지난 지금에야 딸들은 현지인과 구분이 가지 않을 정도로 중국어를 유창하게 구사한다.

한국의 경우, 앞으로 해외 시장에 의존하지 않으면 비즈니스가 성립하지 않을 것이다. 따라서 한국인에게 외국어 마스터는 필수 사항이라고 할 수 있다. 이미 영어를 말할 수 있는 사람이라면 중국어와 스페인어를 배워보면 어떨까? 스페인어도 중국어 못지않게 중요한 언어다. 라틴아메리카에도 많은 인구, 즉 시장과 비즈니스 기회가 있는데다, 스페인어를 할 수 있으면 같은 라틴어 계열인 이탈리아어와 포르투갈어도 이해할 수 있어서 이득이다.

일본인이라면 한국어를 배울 수도 있다. 앞에서 설명한 것처럼 한반도의 통일이 실현되면 한국과 북한은 세계에서 가장 자극적인 장소가 된다. 그러면 전 세계의 자본이 한반도에 유입될 것이다.

내가 청년이라면 이주하고픈 네 나라

자신이 사는 나라를 떠나 다른 나라에서 잠시 살아보라고 권하고 싶다. 책이나 학교보다 외국에 살면서 배우는 것이 훨씬 많다. 외국에 나갔다 돌아오면 자기 나라에 대해 전보다 훨씬 많이 알게 될 것이다.

내가 청년이라면 어느 나라에 가서 살까? 한국이나 중국, 콜롬비아나 베트남으로 갈 것이다.

중국은 제3장에서 말했듯이 마오쩌둥 시대부터 극적으로 변화했다. 한국과 콜롬비아도 마찬가지다. 일반적으로 콜롬비아라고 하면 '위험한 나라'라는 인상이 있는데 그렇지 않다. 한때 세계를 공포에 떨게 한 마약전쟁 탓이겠지만 관계자들은 이미 이 세상을 떠났거나 교도소에 들어가 있다. 콜롬비아에서는 기후상 마리화나(대마)가 잘 자라서 의료용과 산업용 마리화나가 합법이다. 기호용 마리화나도 미국과 캐나다의 많은 주에서 합법이고, 다른 나라에서도 점차 합법이 되고 있다. '콜롬비아 = 마약 = 위험'이라는 도식은 프로파간다에 지나지 않는다. 콜롬비아는 지금보다 더 발전할 것이다.

베트남은 대국 중국과 국경을 맞대고 있는 중요한 나라다. 인구는 약 9,300만 명. 단일민족이고 모두가 근면하다. 종교와 민족이 많지 않은 지역은 다민족·다종교인 지역보다 안정된 미래를 약속한다.

미국은 어떠냐고 묻는 사람도 있을 것이다. 세계 제일의 경제 대국이고 주가도 상승일로에 있다. 하지만 미국은 내 고려 대상에 없다. 세계 최대의 채무국으로 앞날이 그리 밝지 않기 때문이다.

과거 세계를 제패했던 영국이 지난날의 영광은 찾아볼 수 없을 정도로 초라하게 쇠퇴한 것처럼 미국도 언젠가는 쇠퇴할 것이다. 지금 열 살짜리 아이라면 미국에서의 생활이 즐거울지 모르지만 50년 후, 60년 후, 70년 후에는 미국 땅에서 지내는 삶이 그렇게 녹록하지 않을 것이다. 안타깝게도 일본도 마찬가지다. 50년 후에는 일본이 이 세상에서 사라질지도 모른다.

러디어드 키플링(Rudyard Kipling)이라는 1907년에 노벨문학상을 받은 영국의 시인이 있다. 그가 지은 「영국의 깃발(The England Flag)」이라는 시에 이런 구절이 있다.

What should they know of England who only England know?

(영국밖에 모르는 사람이 영국의 무엇을 알고 있단 말이냐?)

영국을 벗어나 다른 나라에 가본 적이 있는 사람이 그렇지 않은 사람보다 영국에 대해 훨씬 잘 알고 있다는 뜻이다. 이 말은 물론 영국만이 아니라 다른 모든 나라 사람에게 해당될 것이다. 해외에 나가려면 다소 용기가 필요하다. 하지만 나중에 돌이켜보면 이것이 인생 최고의 결단이 될 것이라고 나는 단언한다.

제6장

돈과 경제의 미래

———

인공지능으로 대표되는 테크놀로지의 진화가 경제, 그리고 돈의 흐름을 바꿀 것이다. 특히 핀테크(FinTech: 금융Finance과 기술Technology의 합성어로, 금융과 모바일 IT기술이 합쳐진 금융 서비스 산업을 의미한다)와 캐시리스 경제(cashless economy: 현금 없는 경제)는 우리의 삶을 직접적으로 변모시킬 것이다. 그로 말미암아 필연적으로 쇠퇴하는 산업, 부흥하는 산업이 나오게 되어 있다.

또한 최근 몇 년 사이 가상통화와 이를 뒷받침하는 블록체인 기술의 대두로 '돈'을 둘러싼 상황이 크게 변하고 있다.

'투자의 신' 짐 로저스는 돈과 경제의 미래를 어떻게 바라보고 있을까? 이 장에서는 다가올 새로운 경제에 대해 생각해본다.

AI 등장으로
사라질 산업, 성장할 산업

"핀테크로 금융업계가 격변할 것이다"

골드만삭스 증권 중개인이 600명에서 2명으로 줄어든 이유

미지의 세계에 발을 들이는 것은 두려움을 동반하는 일이다. 하지만 모험은 인생을 풍요롭게 만들고 결국에는 놀라운 가치를 가져다준다.

2018년 6월 21일, 나는 또다시 새로운 세계에 발을 들였다. AI를 이용한 상장투자신탁(ETF)인 '로저스 AI 글로벌 매크로 ETF(Rogers AI Global Macro ETF, BIKR)'를 설립하고 회장에 취임한 것이다.

익히 알려진 대로 많은 투자가들이 핀테크 분야로 자리를 옮기고 있다. 나도 컴퓨터를 기반으로 한 투자 시스템을 확립한 이들에게서 회장이 되어달라는 요청을 받았다. 이들은 너 나 할 것 없이 젊고 재기가 넘친다. 나는 함께 일하자는 이들의 요청을 두말없이 흔쾌히 받아들였다.

솔직히 잘 될지 안 될지 아직 잘 모르겠다. 10년 후에는 결과가 나올 텐데, 컴퓨터 시스템이 우리가 생각하는 만큼 우수하다면 틀림없이 잘될 것이다.

나는 컴퓨터 분야에는 밝지 않다. 그래도 투자에 관해 조언하거나 지금까지 쌓아온 경험과 지식을 나누는 일이라면 할 수 있다. 그렇게 해서 내가 가진 전부를 AI에 나눠주면 그 후에는 AI가 나를 대신하여 투자할 것이다.

BIKR의 직원들은 다들 젊다. AI와 관련되어 일하는 사람들은 모두가 젊다. 우리 인간이 할 수 있는 일에 한계가 있다면 AI는 인간의 가능성을 훌쩍 뛰어넘는다. 더 빨리, 더 정확하게 많은 작업을 해낼 수 있다. 언젠가—내가 사는 동안에는 아니겠지만 그 후에는—AI가 인간을 대신하는 날이 올지도 모른다.

AI가 인간보다 우수하다고 알려져 있는 금융업계에서도 이미 인원 감축이 진행되고 있다. 가령 골드만삭스가 그러하다. 2000년에 뉴욕 본사의 현물주식거래 부분에 배치된 증권 중개인은 600명이었으나 2017년에는 두 명으로 줄었다.

AI나 블록체인 기술의 영향으로 현존하는 은행들은 사라질 것이다. 은행이란 존재 자체는 사라지지 않더라도 지금 은행이 담당하고 있는 기능은 인터넷으로 넘어갈 것이다. 극단적으로 말하면 한국과 일본에 있는 은행의 점포는 언젠가 노인들의 놀이터가 될지도 모른다. 새로운 테크놀로지를 쫓아가지 못하는 노인들만이 실제로 점포를 방문한다는 말이다. 이와 유사한 일이 전 세계에서 벌어질 것이다.

오래된 비즈니스가 도태되면 새로운 비즈니스가 탄생한다

그러면 AI의 대두로 인간이 나설 자리는 사라질까? 그렇게 비관할 필요는 없다. 사라지는 산업이 있으면 발전하는 산업도 있다. 역사적으로 볼 때, 오래된 비즈니스가 도태되는 시기에는 새로운 비즈니스가 탄생했다. 전기 발명이 많은 사람을 도산시켰으나 동시에 많은 사람에게 일자리를 제공해준 것처럼. 철도산업이 시들었을 때, 그를 대신하여 자동차산업이 부흥한 것처럼.

발전하는 산업이란 가령 기술자가 종사하는 분야다. 주목해야 할 것은 북한에 새로운 산업이 연이어 탄생하고 있다는 점이다.

새로운 산업의 아주 좋은 예가 아마존, 페이스북, 구글이다. 아마존은 많은 산업을 파괴했으나 동시에 많은 산업을 구제했다. 개인 상점을 운영하는 소매업자가 간단히 온라인 상점을 만들어서 출점할 수 있게 되었고, AWS(Amazon Web Services: 아마존의 클라우드 서비스. 즉, 영화·사진·음악 등 미디어 파일이나 문서나 주소록 등 사용자의 콘텐츠를 서버에 저장해 두고 스마트폰이나 스마트TV를 포함한 어느 기기에서든 다운로드해서 사용할 수 있도록 해주는 서비스)로 개인과 기업이 저렴한 가격에 설비투자를 할 수 있게 되었다.

만약에 AI가 투자에도 힘을 발휘한다면 대부분의 투자회사 직원은 AI로 대체될 것이다. 반대로 직접 리서치를 함으로써 AI가 보지 못하고 놓친 것을 찾아낼 수 있는 사람은 큰 기회를 잡을 수도 있다. 가령 ETF(상장지수펀드)에 속해 있지 않은 주식이 그렇다.

ETF는 주식 바구니와 같아서 시장 전체에 투자함으로써 한번에 여러 개의 주식을 사는 효과를 얻을 수 있다. 종목 하나하나를 자세히 리서치하지 않아도 쉽게 분산투자를 할 수 있다. 그래서 리서치에 시간과 기력을 들일 수 없다면 ETF에 투자하는 것도 좋은 방법이다. 게으른 나는 종목 하나하나를 찾아보기가 귀찮아서 괜찮은 ETF가 없는지 늘 기웃거린다.

하지만 ETF에 속하지 않은 주식도 많다. 가격이 싸고 아무도 주목하지 않는, AI조차 보지 못한 주식이. 직접 리서치해보겠다는 각오가 되어 있다면 여러분은 크게 성공할 것이다.

ETF는 현명한 투자처인가

ETF는 실은 그 역사가 아직 30년 정도밖에 되지 않은 새로운 금융상품이다. 1990년에 캐나다 토론토 증권거래소에서 상장된 'TIPS 35'가 세계 최초의 ETF라고 한다.

지금은 상당수 투자가 ETF에 집중되어 있는 상태다. 2015년에는 ETP(Exchange Traded Products: ETF와 그 관련 상품인 ETC [Exchange Traded Commodity: 상장지수상품]와 ETN [Exchange Traded Note: 상장지수채권]의 세 가지를 합친 총칭)의 운용자산액이 원래 주요 투자처였던 헤지펀드(hedge fund: 단기이익을 목적으로 국제시장에 투자하는 개인모집 투자신탁)의 운용자산액을 웃돌았다(도표 26 참조). 왠지 수긍이 가는 결과다. 헤지펀드는 높은 운용수익을 올릴 수 있는 대신 자본이 많이 필요하다. 게다가 조금의 변동으로 큰 손실을 입을 가능성도 있다. 그래서 요 몇 년 사이 헤지펀드의 이익률은 계속 하락하고 있다(도표 27 참조). 세계적인 경제 불안이 계속되는 요즘, 적은 자본으로 시작할 수 있는 ETF에 인기가 집중될 수밖에 없다.

단, 많은 투자가 ETF에 집중되는 상태란, 앞으로 일단 하강 국면이 오면 ETF에 파괴적인 영향이 미친다는 뜻도 된다. 지식과 자신이 없을 때 인간은 ETF에 투자하는 경향이 있다. 이 상황은 이제 곧 오게 될 약세시장을 더욱 파괴적으로 만들 것이다. 그도 그럴 것이 사람들이 주식을 매각할 때는 일제히 같은 종목을 매각하기 때문이다. 사람들이 ETF를 매각하면 ETF에 들어 있는 주식은 전부 폭락하게 될 것이다.

또 ETF는 급성장하는 동시에 같은 기세로 축소되고 있다는 점도 알아두어야 한다. 특히 2004년 이후, 전 세계적으로 ETP의 수가 늘었으나 2008년부터 그 대부분이 청산되고 있다(도표 28 참조). 청산이라 해도 기업주처럼 완전히 폐기되는 것은 아니고 각 ETP의 스폰서가 채산이 맞지 않는다며 거래를 중단시키는 것뿐이다. 하지만 아직 역사가 짧은 상품이라서 불안정한 요소가 많다고 할 수 있다.

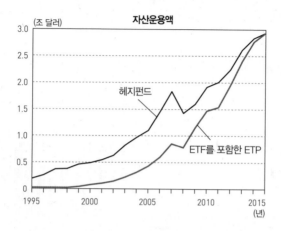

도표 26 ETF의 운용액이 헤지펀드를 웃돌았다

자산운용액

(조 달러)

헤지펀드

ETF를 포함한 ETP

(년)

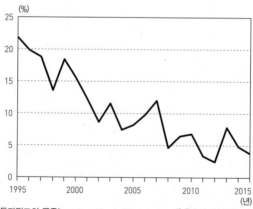

도표 27 헤지펀드의 이익률이 계속 내려가고 있다

(%)

(년)

출처: '투자펀드의 급증(Investment funds Roaring ahead)', 「이코노미스트」 2015년 8월 1일

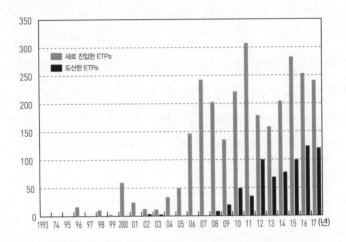

출처: '하나의 차트로 본 ETF 마켓의 증가와 감소(How the ETF market is both growing and shrinking in one chart', 「Market Watch」 2017년 11월 28일

앞으로 투자를 시작할 거라면 ETF 이외의 주식을 고른다

현재, 운용자산의 대부분이 ETF에 집중되어 있는데 여기에는 문제가 있다. 이렇게 모두가 같은 행동을 하는 사이에 혼자 자신의 머리와 시간을 써서 투자를 할 수 있다면 여러분은 큰 이익을 올릴 수 있을 것이다. 솔직히 말해 똑똑한 투자가는 지금 ETF에 속해 있지 않은 기업을 찾는다. ETF에 속해 있지 않은 기업은 속해 있는 인기기업보다 가격이 훨씬 낮기 때문이다.

불경기가 되면 모두가 자신이 가진 ETF를 팔려고 할 것이다. 모두가 팔려고 내놓다보니 ETF에 속한 주식은 폭락한다. ETF에 속해 있지 않은 종목도 하락하겠지만 하락폭은 훨씬 적다.

내가 게으르지만 않았어도 시간을 다 바쳐서 ETF에 들어 있지 않은 기업을 찾았을 것이다. 'ETF 종목 일람'으로 검색하면 ETF에 포함된 기업이 주르륵 나온다. 그 리스트에 없는 곳이 바로 내가 말하는 기업이다.

만약에 여러분이 앞으로 투자를 시작하려고 한다면 나는 ETF에 들어 있지 않은 개별주식을 찾아보라고 조언할 것이다. ETF에는 아마존이나 알리바바 같은 우량기업이 상당수 포함되어 있다. 그래서 무턱대고 '사지 마'라고 말할 생각은 없다. 어디까지나 내가 젊은 투자가라면 ETF에 들어 있지 않은 주식부터 시작하겠다고 말하는 것뿐이다. 그런 분야는 희소가치도 높다. 머리 써서 따로 찾을 필요도 없고 AI에 투자를 맡길 수 있어서인지 ETF만 상대하려는 사람이 많다.

AI 시대야말로 AI로는 할 수 없는 일을 찾는다. 그것이 성공으로 가는 지름길이다.

돈의 형태가 변하면 경제도 변한다

"캐시리스 경제를 추진하는
정부의 의도를 경계하라"

캐시리스 경제가 다시 그리는 세력도

인터넷과 AI는 금융과 투자 분야만이 아니라 우리의 온갖 상식을 완전히 뒤엎었다.

내 딸들은 각각 2003년과 2008년에 태어났는데 그 아이들이 어른이 되고 나면 이제 은행에 갈 일이 없을 것이다. 그 아이들의 아이들은 더더욱 그럴 것이고. 은행은 물론 우체국이나 의사한테도 갈 일이 없을 것이다. 통화도 사라질 것이다. 앞으로 금전거래가 전부 컴퓨터를 통하게 되면 통화는 필요 없어진다.

전 세계에서도 특히 한국과 중국, 스칸디나비아반도의 여러 나라에서 캐시리스화가 두드러지고 있다. 한국의 상거래 중 89퍼센트는 현금을 쓰지 않는 캐시리스 결제다. 중국은 60퍼센트, 스웨덴은 약 49퍼센트를 차지한다. 일본만 아직 20퍼센트가 안 된다(도표 29 참조).

최근 베이징에 갔을 때의 일이다. 아이스크림을 사려고 현금을 건넸더니 19세인 점원이 내 지폐를 받으려고 하지 않았다. 이제 중국에서는 돈이 종이가 아니라 스마트폰 안에 들어 있다. 아이러니한 일이다. 현금도 스마트폰도 갖고 있었지만 결제를 할 애플리케이션을 설치하지 않아서 결국 아이스크림 값을 지불하지 못했다. 2017년 6월 시점에 중국 도시 지역의 모바일 결제 이용률은 98.3퍼센트에 이른다. 현금을 쓰는 것은 이제 외국인 관광객 정도다. 결국에 점원이 아이스크림을 공짜로 주어서 먹을 수 있었는데 만약에 내가 사려고 한 물건이 벤츠나 보석이었다면 어땠을까?

캐시리스 경제와 각국의 속내

캐시리스 결제는 전 세계에 확산될 것이다. 누구보다 각국의 정부가 적극적으로 통화 없애기에 나설 것이다. 정부로서는 한시라도

도표 29 각국 캐시리스 결제비율 상황(2015년)

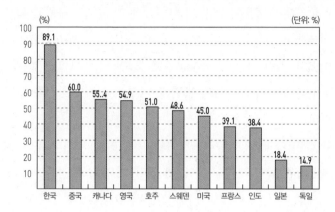

세계은행 「가계소비지출(Household final consumption expenditure)」(2015년) 및 국제결제은행(BIS) 「레드북 통계(Redbook Statistics)」(2015년)의 비현금수단의 연간결제금액에서 산출
* 중국에 관해서는 Better Than Cash Alliance의 리포트에서 참고치로 기재
  출처: 경제산업성 '캐시리스 비전(Cashless Vision)' 2018년 4월

빨리 물리적인 돈을 없애는 것이 이득이다. 지폐의 인쇄와 화폐의 제조에 막대한 비용이 들기 때문이다. 지폐·화폐의 운반과 확보에도 이에 못지않은 경비가 든다. 더욱이 물리적인 돈은 컨트롤하기가 어렵다. 가령 지금 내가 누군가에게 1만 달러 다발을 건네줘도 당사자 외에는 아무도 알지 못한다. 정부로서는 그런 상황이 달갑지 않다.

금전거래가 전부 컴퓨터 안에서 이루어지게 되면 정부는 우리의 행동을 낱낱이 파악할 수 있게 된다. 커피를 몇 잔을 마시는지 영화는 몇 편이나 보는지도 다 알게 된다. 우리로서는 그리 기분 좋은 일은 아니다.

결국 정부가 직접 가상통화를 만들어서 국민에게 쓰라고 강요하게 될 것이다. 2018년 2월, 베네수엘라 정부가 정부공인의 가상화폐 '오일코인'을 가동시켰다. 하이퍼인플레이션이 계속되자 그 대책으로 만든 것이다. 정부의 감시하에 있는 가상통화가 인플레이션을 해결해주리라곤 기대하지 않지만 이것을 신호탄으로 하여 앞으로 세계 각국에서 이런 가상통화를 만들지 않을까?

또 중국과 러시아, 브라질에서는 미 달러를 대신할 가상통화의 도입을 추진하고 있다고 한다. 미 달러에는 80년이 넘게 국제거래를 견인했다는 역사와 믿음이 있다. 그렇게 강한 미 달러를 대신할 가상통화가 생긴다니 믿기지 않지만 실제로 미 달러와 같은 가치를 가진 테더(United States Department of the Treasury Tether, USDT)라는 가상통화도 등장했다.

100년 전, 사람들은 조개껍데기나 금 같이 가치가 있는 것이면 무엇이든 통화로 썼다. 물물교환도 자유롭게 했다. 하지만 세계대공황이 강타한 1930년대, 영국이 파운드 통용지역(sterling bloc)을 정하면서 세계는 블록경제로 선회하게 된다. 영국은 자국과 자치령, 직할 식민지에 사는 사람들에게 "우리 중앙은행 통화(파운드)를 쓰지 않는 건 배신행위다"라고 으름장을 놓았다. 그 결과, 사람들은 조개껍데기와 금을 쓰는 대신에 정부가 발행한 파운드로만 상거래를 하게 되었다.

앞으로 투자를 할 거면 가상통화가 아니라 블록체인

가상통화의 경우에 2016년, 일본 정부가 전 세계에서 어느 곳보다 빠르게 비트코인을 화폐로 인정했다.

비트코인을 통화로 쓰는 사람은 "우리가 정부보다 머리가 좋다"고 말할지도 모른다. 그 말이 맞을 수도 있지만 어쨌거나 정부는 권력을 갖고 있다. 정부가 노(no)라고 거부하면 다시 말해 정부가 "이 가상통화를 쓰는 건 배신행위다"라고 한마디만 하면, 혹은 "이 가상통화를 쓰지 마라"라고 법률을 정하면 아무리 훌륭한 두뇌의 소유자라 해도 정부의 말에 따르는 수밖에 없다.

나는 비트코인이 거품이라고 생각한다. 비트코인의 적정가격이 얼마인지는 잘 모르지만 몇 년 전에는 존재하지도 않던 것이 100배, 1,000배나 폭등하다니 믿기지가 않는다. 이게 거품이 아니면 뭐란 말인가? 이 현상이 영원히 계속되리라고는 도저히 생각할 수 없다. 그 유명한 워런 버핏도 "비트코인은 투자가 아니라 도박이라 이익을 낳지 않는다"고 단언했다. 그렇게 말하는 그를 시대착오적이라고 야유하는 사람도 있다. 하지만 그보다 많은 돈을 운용해본 적이 없는 사람에게 그를 비판할 자격이 있을까?

2018년 10월 시점에서 비트코인은 최고치로부터 60~70퍼센트 하락한 상태다. 비트코인의 달러 대비 가격추이 그래프를 보면 그 변화를 한눈에 알 수 있다. 곧장 위로 올라가다 2017년 12월 중순을 기점으로 곧장 아래로 떨어진다(도표 30 참조). 역사상 일어났던 거품과 비슷한 추이를 그린다. 내가 머지않아 비트코인이 사라질 거라고 보는 이유다. 가상통화에도 여러 종류가 있는데 몇천 개나 되는 가운데 한두 종류는 장래 살아남겠지만 대부분은 언젠가 사

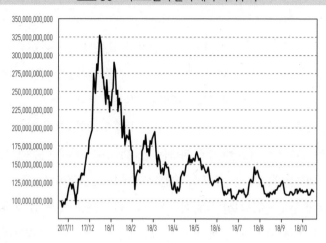

도표 30 비트코인의 달러 대비 가격추이

출처: 「블록체인 룩셈부르크 S.A.(Blockchain Luxembourg S.A.)」의 데이터 참조

라지고 가치가 없어질 것이다.

앞으로 투자를 할 거면 비트코인보다 블록체인과 관련된 종목이 유망하다. 가상통화와 달리 전도유망한 신기술인 블록체인은 사회에 큰 혁신을 가져다줄 것이다.

블록체인이 제일 먼저 도입될 곳은 금융업계다. 먼저 많은 은행이 퇴출될 것이다. 은행업무와 관련된 일도 사라질 것이다. 그러면 그 여파는 자동차 산업, 통신 산업에도 미쳐서 결국에 모든 산업에 블록체인이 도입될 것이다. 학교에서 시험을 보는 것도, 호텔을 예약 및 결제하는 것도, 택시 요금을 지불하는 것도, 중국에서 아이스크림을 사는 것도 전부 블록체인을 통하게 될 것이다. 컴퓨터가 인간보다 훨씬 빠르고 효과적으로 많은 업무를 처리할 수 있기 때문이다.

블록체인으로 발전할 나라는 어디일까

특히 아프리카는 블록체인 산업으로 크게 약진할 것이다.
아프리카에는 아주 최근까지 전화기가 없었다. 과거 유럽과 미국, 아시아에서 검은색 전화를 썼으나 아프리카에는 그런 전화조차 보급되지 않았다. 그러던 아프리카에 최근 스마트폰이 빠르게 보급되었다. 전선을 연결하는 과정이 빠지고 한 발 뛰어넘어 스마트폰 사회가 된 것이다. 그와 비슷한 현상이 금융 분야에서도 일어나고 있다. 은행을 세우거나 은행원을 고용하는 과정을 뛰어넘어 곧바로 블록체인으로 이행하고 있는 것이다. 아프리카에서 블록체인은 금융만이 아니라 수송업 등 다양한 산업으로 확대될 것이다.

아프리카에는 이미 모바일 통화와 같은 금융상품이 보급되었다. 선진국이 구축한 인프라나 테크놀로지와는 무관한 완전히 새로운 시장이다. 변화는 즉시 나타날 것이다.

아프리카 못지않게 빠르게 변화할 곳이 동아시아다. 동아시아는 아프리카보다 훨씬 많은 엔지니어를 확보하고 있어 앞으로 눈부시게 약진할 것이다. 그리고 일본과 미국이 거친 과정을 훌쩍 뛰어넘어 곧장 블록체인으로 이행할 것이다. 앞에서 설명한 대로 한국과 중국에서는 캐시리스화가 진행 중이다. 캐시리스 결제 비율이 한국이 89퍼센트, 중국이 60퍼센트로 서구의 어떤 나라들보다 높다.

개인적으로는 현재 투자할 가치가 있는 AI·블록체인 관련 종목을 물색 중이다. IBM도 알리바바도 이미 블록체인에 진출했다. 삼성도 마찬가지다. 하지만 이런 대기업 안에서 큰 존재감을 발휘할 만큼 주요산업이 되지는 못할 것이다. 삼성이 블록체인으로 무엇을 하든 삼성의 주가가 급상승할 일은 없다. 따라서 내가 찾는 주식은 블록체인이 회사 전체의 경영에 큰 영향을 미칠 만한 중소규모의 주식이다.

2010년대 후반은 'AI와 블록체인의 시대'

최근에는 세계 최초의 핀테크 은행, 'ITF'가 홍콩에 본점을 열 전망이다. 나도 출자자 중 한 사람이다. 아직은 새롭고 규모가 작은 스타트업 사업에 불과하지만 앞으로의 경과를 기대하고 있다. 성공할지 실패할지는 서른 안팎의 청년들의 손에 달렸다.

컴퓨터를 발명한 것은 IBM이 아니다. 사람들이 잘 알지 못하는 무명의 회사가 발명했다. 하지만 그곳은 이미 도산해서 사라져버렸다. 컴퓨터가 부상하던 시절에는 몇십, 몇백 개의 컴퓨터회사가 있었으나 어디나 지명도가 낮은 회사들뿐이었다. 그 어중이떠중이

중에서 대성공하고 살아남은 곳은 IBM뿐이다. 그리고 현재까지도 이름을 알리고 있다.

핀테크도 마찬가지다. 핀테크와 관련된 회사가 세계에 몇십만 개나 있지만 어디가 승리를 거둘지 나는 모른다. 그걸 아는 사람이 있기는 할까?

분명히 말할 수 있는 것은, 이 시대에 인터넷과 AI, 블록체인이 믿을 수 없을 정도로 중요한 위치를 차지하고 있다는 점이다. 50년 후, 역사가는 2018~2019년을 가리켜 'AI의 시대'라고 부를 것이다. '블록체인의 시대'라는 이름도 가능하다.

우리는 이러한 변화의 시대를 유연하게 헤쳐나가지 않으면 안 된다.

맺음말

자신을 편견에서 해방시켜라

이 책의 첫머리에서 나는 "역사를 배워라"라고 거듭 말했다.

나는 예일대에서 미국사와 유럽사를, 옥스퍼드대에서 영국사를 배웠다. 그곳에서 많은 책을 읽고 그 방대한 지식을 하나로 집약시키는 방식으로 역사를 배웠다.

역사서는 사실에 기초하여 쓰였다고 여길지 모르지만 실제로는 아니다. 인간에게는 누구나 편견이나 선입관이라는 것이 있다. 사실에 기초하여 쓰려 해도 쓰는 사람에 따라 해석이 다르고 또 일부러 다르게 해석할 수도 있다. 따라서 다양한 책을 읽고 다른 시점을 배우지 않으면 안 된다.

그런데 내가 만약 스물한 살이라는 나이에 충분히 현명했더라면 옥스퍼드대에 가지 않고 중국에 갔을 것이다. 물론 옥스퍼드 시대는 멋지고 즐거운 시간이었지만 지금 돌이켜 생각해보면 중국으로 가야 했다고 생각한다. 하지만 그때는 아직 서양만이 세계의 전부인 줄 알았고, 진정한 세계사의 중요성을 전혀 깨닫지 못했던 시기였다.

예일대에 다니던 시절, 역사는 물론이고 투자에 대해서도 잘 알지 못했다. 월스트리트가 뉴욕의 어디에 있는지, 1929년에 뭔가 엄청난 재앙(월가의 대폭락)이 일어났다고는 하는데 구체적으로 어땠는지는 자세히 알지 못했다. 주식과 채권도 구별하지 못했다. 역사와 투자를 연관 지어 생각해본 적도 없었다.

하지만 이제는 안다. 투자로 성공하려면 역사를 잘 알아야 하고 일본이나 중국 등 아시아가 중요하다는 사실도. 전 세계를 여행하며 투자업계와 교육업계 등 다양한 곳에서 다양한 경험을 한 덕분이다. 역사서를 많이 읽는 것도 중요하지만 그 지식을 실제 경험과 연결시키는 것도 그에 못지않게 중요하다.

변화를 두려워하지 말고 즐겨라

키플링의 시구절을 다시 한 번 소개한다.

What should they know of England who only England know?

(영국밖에 모르는 사람이 영국의 무엇을 알고 있단 말이냐?)

지금, 우리가 사는 세계는 대변화의 한가운데에 있다. 변화를 두려워만 하지 말고 먼저 다가가 여러분 자신의 눈으로 똑똑히 보기를 바란다. 분명히 즐겁고 가슴 설레는 경험이 될 것이다.

마지막으로 사랑하는 가족, 그리고 이 책을 간행하기 위해 애쓴 여러 사람들에게 감사를 드리고 싶다. 이 책이 여러분이 미래로 한 발을 내딛는 데 도움을 주는 책이 된다면 더 바랄 게 없다.

싱가포르에서

짐 로저스

짐 로저스 Jim Rogers

워런 버핏, 조지 소로스와 함께 '세계 3대 투자가'로 불린다. 예일대에서 역사학을, 옥스퍼드대에서 철학·정치·경제학을 전공했다. 1969년, 조지 소로스와 함께 글로벌 투자사인 퀀텀펀드를 설립하고, 10년 동안 4,200퍼센트라는 경이적인 수익률을 올리며 월가의 전설이 된다. 1980년, 37세의 나이에 은퇴를 선언한 후 컬럼비아대 경영대학원 교수로 금융론을 가르쳤고, 다수의 금융관련 방송 프로그램을 진행했다. 또한 평생의 꿈이었던 오토바이 세계일주 여행에 나서 52개국에 걸쳐 약 16만 킬로미터를 주파하여 기네스북에 오르기도 했다.

그는 지금까지 독자적인 투자 혜안으로 리먼 사태, 중국의 대두, 트럼프 대통령 당선, 북한의 개방 문제에 이르기까지 수많은 '예언'을 적중시켰다. 다가올 세기는 아시아의 시대가 되리라 예견하고 가족과 함께 싱가포르에 정착한 그는 현재 세계 곳곳을 누비며 강연 활동을 계속하고 있다. 저서로는 『월가의 전설 세계를 가다 *Investment Biker*』 『백만장자 아빠가 딸에게 보내는 편지 *A Gift to My Children*』 등이 있다.

옮긴이 오노 가즈모토 大野和基

다방면에 걸쳐 취재 및 집필 활동을 하고 있는 국제 저널리스트. 도쿄 외국어대학 영미학과를 졸업한 후 코넬대와 뉴욕 의과대학에서 공부했다. 엮은 책으로 『초예측』 외 다수의 저역서가 있다.

옮긴이 전경아

출판기획 및 일본어 전문 번역가. 중앙대를 졸업하고 일본 요코하마 외국어학원 일본어학과를 수료했다. 옮긴 책으로 『미움받을 용기 1, 2』 『아무것도 하지 않으면 아무 일도 일어나지 않는다』 『마흔에게』 등이 있다.

세계에서 가장 자극적인 나라

| 펴낸날 | 초판 1쇄 2019년 5월 20일 |
| | 초판 20쇄 2020년 11월 15일 |

지은이	짐 로저스
옮긴이	오노 가즈모토·전경아
펴낸이	심만수
펴낸곳	(주)살림출판사
출판등록	1989년 11월 1일 제9-210호

주소	경기도 파주시 광인사길 30
전화	031-955-1350, 031-913-1350
팩스	031-624-1356
홈페이지	http://www.sallimbooks.com
이메일	book@sallimbooks.com

| ISBN | 978-89-522-4049-1   03320 |

※ 값은 뒤표지에 있습니다.
※ 잘못 만들어진 책은 구입하신 서점에서 바꾸어 드립니다.

이 도서의 국립중앙도서실 출판예정도서목록(CIP)은 서지정보유통지원시스템 홈페이지
(http://seoji.nl.go.kr)와 국가자료종합목록시스템(http://www.nl.go.kr/kolisnet)에서
이용하실 수 있습니다.(CIP제어번호: CIP2019016794)